SQ를 높여야 연애에 성공한다

SQ를 높여야 연애에 성공한다

초판 1쇄 인쇄 | 2005년 1월 18일
초판 1쇄 발행 | 2005년 1월 25일

지은이 | 임해리

펴낸이 | 한익수
펴낸곳 | 도서출판 큰나무

등록 | 1993년 11월 30일(제5-396호)
주소 | 120-837 서울시 서대문구 충정로 3가 3-95 2층
전화 | (02) 365-1845~6
팩스 | (02) 365-1847

이메일 | btreepub@chol.com
홈페이지 | www.bigtreepub.co.kr

값 9,500 원
ISBN 89-7891-199-4 03810

값 5,000원

SQ를 높여야 연애에 성공한다

| 임해리 지음 |

5월의 수목처럼 푸르고 가을 햇살처럼 따뜻하며
확 트인 넓은 바다 같은 느낌을 주는
그런 사람이 바로 SQ가 높은 사람이다.

■ 프롤로그

SQ란 무엇인가?

    19세기 영국의 빅토리아여왕 시대에는 성을 불결하고 위험하고 혐오스러운 것으로 간주하였고, 결혼에 의한 성만을 정상적인 것으로 인정하였다. 또한 혼전 섹스나 자위 행위 등을 부정적으로 보았으며, 여성의 성욕은 금기사항이었다.

    1970년대까지의 우리 사회 또한 빅토리아여왕 시대와 다를 바 없었다. 따라서 아내나 며느리로서의 조건은 얌전하고 조신하고 조용한 여성이었다. 그래서 E여대나 S여대 출신들을 1등 신부 후보감으로 선호하였다.

    그러던 중 개발도상국에서 벗어나 선진국 대열에 편입하느라 애쓴 덕분에 1인당 국민소득이 현격히 높아지고 군사정권은 막을 내리고 가정마다 컬러 TV와 자가용을 갖게 되는 등 사회 전반에 많은 변화의 물결이 일어났다. 그 중에서도 특히 인권과 여성의 권리를 보장하는 문제는 상당한 발전을 이룩했다.

그렇다면 과연 성에 대한 사회적 인식은 어떤 변화를 겪었던 것일까?

불과 얼마 전까지만 해도 공공 장소나 모임에서 성에 대한 언급을 하는 것은 교양 없고 천박한 태도라고 생각했었다. 그런데 이제는 TV에서 부부의 성 문제를 토론하는가 하면 토크쇼에서 연예인들이 섹시 운운하는 것은 일상사가 되어 버렸다. 뿐만 아니라 영화, 드라마, CF를 비롯해 문학 등의 예술 분야에서도 성에 대한 표현의 자유가 예전보다 훨씬 넓어졌다.

하지만 과연 개개인의 성 의식과 가치관이 이와 같은 사회적 인식의 변화에 발맞추고 있을까?

실제로 성의 사회적 억압이 풀린 것은 분명 사실이지만 아직도 초등학교 수준의 성 지식과 편견으로 무장된 성인 남녀의 수는 상상 이상이다. 체계적인 성교육의 부재로 인한 성에 관한 무지의 정도는 세대간에 별다른 차이를 보이지 않는다. 성교육의 부재는 사회 전반의 각종 성범죄와 (엽기적인 연쇄살인 사건의 피해자는 대부분 여성이다) 결혼생활의 갈등을 일으키는 커다란 요소로 작용한다.

'성(性)'은 '마음(心)'과 '생(生)'으로 표현되듯 정신과 육체가 함께 하는 에너지라고 할 수 있다. 서양에서는 성을 섹스(Sex), 젠더(Gender),

섹슈얼리티(Sexuality)의 세 가지 의미로 나누고 있다. 섹스는 '자르다' 라는 뜻을 가진 라틴어에서 유래된 생물학적인 성을, 젠더는 사회적, 문화적, 심리학적인 환경에 의해 학습되어진 후천적으로 주어진 남녀의 특성을 의미한다. 그리고 섹슈얼리티는 개인의 성격, 감정, 행동뿐 아니라 성적인 존재 및 성별을 나타내 주는 포괄적인 의미로 사용한다.

그러나 우리 사회에서의 성은 주로 섹스로 통하며, 이 섹스는 생식기의 결합이라는 의미로 국한되고 있다. 바로 그러한 무지가 '변강쇠 콤플렉스'나 '사이즈 콤플렉스'를 만들고 많은 남녀들의 머리를 아프게 하는 주범인 것이다.

2003년 영국의 선데이 타임즈 보도에 의하면 세계 50개국을 대상으로 한 검사 결과 한국인의 평균 IQ(Intelligence Quotient, 지능지수)가 세계에서 두 번째로 높다고 한다. IQ는 인간의 지적 능력에 대한 지수로 이 수치가 높을수록 일반적으로 머리가 좋다고 표현한다. 한편 EQ(Emotional Quotient, 정서지능지수)는 감정과 관련한 정서 상태로 EQ가 높으면 정서적으로 안정되고 긍정적 인간 관계를 갖게 된다고 한다.

그렇다면 과연 SQ(Sexual Quotient, 성적지능지수)란 무엇인가?

SQ는 성적지능지수(性的知能指數)로, 성에 대한 지식과 의식, 성적 자아감, 파트너와의 성적 관계에 대한 능력으로 이해할 수 있으며, 성에 대한 지식의 정도와 개인의 타고난 기질과 경향성(보수적이거나 진보적), 교육 수준, 경제적 수준, 가족문화의 배경 등 여러 요인에 따라 개인간의 편차가 크게 달라진다.

SQ는 상대의 개성과 취향, 특성을 파악하고 이해하고 수용할 줄 아는 능력이며 상대의 정신적, 정서적 만족감을 최대한 배려하는 능력인 것이다. 실제로 성에 대해 무지할수록 편견이 많고 성적 억압을 갖는 경우가 대부분이다.

SQ를 높이자는 것은 성에 대한 무지와 편견에서 해방되어 자신과 상대의 성적 표현이나 태도를 존중하고 수용하는 자세를 갖자는 뜻이다. 상대의 욕구나 만족에 대한 감정을 배려하는 것이 건강하고 행복한 성을 위한 파트너십이기 때문이다.

높은 IQ와 EQ를 기반으로 사회적 성공을 이룩하고 부와 명예를 가졌다 해도 SQ가 낮은 사람은 결코 행복할 수 없다. 우리 주변을 보면 유난히 이성문제나 결혼생활에 습관적 장애를 가진 남녀들이 있는가 하면, 겉으로는 안정되고 평범해 보이지만 그 안으로는 성으로 인한 갈등이나 외도 등으로 곪아 있는 부부가 적지 않다. 그리고 그 돌파구를 다른 곳에서 찾으려 하다 가정과 인생의 붕괴를 맞이한다.

성은 단순히 섹스뿐 아니라 애정과 신뢰성, 열정, 존중감 등 정신적인 면과 신체적인 건강을 포함한 총체적인 의미를 갖고 있는 것이다.

세계보건기구(WHO)에서는 개인이 성적인 건강(Sexual Health)을 유지하는 데 관심을 두고 있다. 그리고 성적인 건강을 개인의 인성, 의사교환능력 및 사랑의 감정을 키워 주기 위한 신체적, 정신적, 정서적 및 사회적인 영역 등에서 개인이 성적인 존재(Sexual Being)로 통합되는 것이라고 정의하였다. 이 개념이 바로 SQ와 관련된 것이라고 볼 수 있겠다.

인생의 모든 문제는 자기 자신에서 출발하고 그 결과도 자신에게 돌아가는 것이다. 성의 문제도 마찬가지이다. 내가 먼저 건강하고 구김 없는 성 의식을 가지고 상대를 존중할 때 만족하고 행복한 성을 함께 나눌 수 있는 것이다.

이 책은 SQ를 높이기 위해서는 성에 대한 것을 알아야 한다는 관점에서 섹스에 대한 남녀의 심리를 이야기하였다. 그리고 연애와 섹스에 앞서 무엇보다 중요한 인간의 캐릭터 파악에 대한 내용을 3장과 4장에서 중점적으로 다루었다.

비교적 다양한 인간의 캐릭터 유형을 점성학(Astrology)의 황도 12궁(흔히 이야기하는 12별자리)을 바탕으로 12가지 캐릭터로 분류하고, 그 특성을 설명하였다.

1부터 12까지의 챕터는 각각의 별자리〔양자리(3월 21일~4월 20일경), 황소자리(4월 21일~5월 20일경), 쌍둥이자리(5월 21일~6월 21일경), 게자리(6월 22일~7월 22일경), 사자자리(7월 23일~8월 22일경), 처녀자리(8월 23일~9월 23일경), 천칭자리(9월 24일~10월 22일경), 전갈자리(10월 23일~11월 22일경), 사수자리(11월 23일~12월 21일경), 염소자리(12월 22일~1월 19일경), 물병자리(1월 20일~2월 18일경), 물고기자리(2월 19일~3월 20일경)]의 일반적 특성 중 성격과 연애방식을 중점으로 전개하였다.

인간은 누구나 타고난 성향에 있어 부정적인 면과 긍정적인 면을 함께 갖고 있다. 그 두 가지 면은 인생에 있어 극단적인 영향을 끼칠 수도 있다. 예를 들어 주먹을 잘 쓰는 사람은 유명한 권투선수가 될 수 있지만 깡패로 풀릴 수도 있다. 중요한 것은 타고난 자신의 특성 중 긍정적인 부분을 강화하고 취약점을 보완하려는 노력에 있는 것이다.

이렇듯 자기 자신, 그리고 자신과 다른 타인의 개성, 사고방식, 가치관을 이해하는 노력이 SQ를 높이는 출발선이다. SQ는 섹스와 관련된 능력인 동시에 연애의 성공여부, 그리고 인생에서의 행복과 직결된 능력이다. 행복은 머리로 생각할 수 있는 것이 아니라 가슴으로 느끼는 것이기 때문이다.

무인도에서 혼자 왕처럼 사는 삶을 과연 행복하다고 말할 수 있을까? 그것은 행복한 삶이 아니라 버림받은 삶이다. 진정한 행복은 누군가와 함께 하고 나누는 데 있는 것이다.

■ 차례

프롤로그_ SQ란 무엇인가? 6

제1장 SQ를 높여야 연애에 성공한다
1. 당신의 SQ(sexual quotient, 성적지능지수)를 높여라! 17
2. SQ를 높이는 성적 매력과 지적 능력 22
3. SQ를 발달시키는 '파워 업그레이드(power upgrade)' 24
4. SQ를 높이는 성적 주체성과 양성성(Androgyne) 31

제2장 SQ를 높이자
1. 너무나 다른, 그리고 닮은 남녀의 성 심리 37
2. 섹스, 아는 만큼 사랑이 깊어진다 43
3. 섹스 관계를 맺는 7개의 시추에이션 49
4. '파트너십' 없는 섹스에 기쁨도 사랑도 없다 54
5. 웰빙 섹스(Well-being sex)는 성적 자아감(sexual self-concept)에 달려 있다 59
6. 성적 편견과 무지가 '섹스 왕따'를 만든다 66
7. 하버드 대학에서 '섹스 잡지'가 나온 이유 70
8. 섹스, 원초적 본능에서 '탄트라(tantra)'로 가는 길 74
9. 섹스와 음식의 공통점 79
10. 섹스가 정신적, 신체적 건강에 미치는 영향 87
11. 첫 섹스를 하기 전 콘돔을 요구하는 것은 성적 권리이다 92
12. 섹스는 사랑의 신용카드가 아니다 96

13. 첫 섹스 후 돌변하는 남녀의 심리는 무엇 때문일까? 101
14. 첫 섹스 후 지속적인 관계 맺기의 노하우 107
15. 우연한 만남, 충동적인 섹스에 대한 남녀의 표현방식 112
16. 나의 성적 매력과 감성에 대한 자가진단을 해야 하는 이유 117
17. 여성의 월경전증후군(PMS)을 알아야 진짜 젠틀맨이다 123
18. 연애학, 대학 교양과목으로 가르쳐야 한다 127

제3장 나에게 매력적인 남자, 그의 특징과 성격, 연애방식

1. 저돌적이고 적극적인 서부시대 총잡이 133
2. 안정적이고 소유욕이 강한 보수주의자 135
3. 지성적이고 변화무쌍한 저널리스트 138
4. 주관적이고 가정적인 로맨티스트 142
5. 대범하고 과시적인 카리스마 145
6. 분석적이고 비판적인 연구원 148
7. 사교적이고 균형적인 외교관 151
8. 열정적이고 관능적인 화성인 155
9. 낙천적이고 이상주의자인 여행가 159
10. 냉철하고 믿음직한 조직의 리더 162
11. 해방과 자유를 추구하는 휴머니스트 165
12. 신비적이고 초월적 이상을 가진 몽상가 168

제4장 나에게 매력적인 여자, 그녀의 특징과 성격, 연애방식

1. 진취적이고 정열적인 '스칼렛 오하라' 173
2. 안정적이고 관능적인 '아프로디테' 176
3. 영리하고 호기심과 모험을 즐기는 '도로시' 179
4. 주관적이고 방어적이며 여성적인 '다이아나' 183
5. 감성적이고 쾌활하며 천진스런 여배우 186
6. 현실적이고 내성적이며 헌신적인 '나이팅게일' 188
7. 매력적이고 사교적이며 우아한 발레리나 192
8. 신비스런 관능과 비밀을 가진 연금술사 195
9. 솔직하고 활동적이며 낙천적인 집시 198
10. 야심적이고 신중하며 책임감이 강한 승부사 201
11. 진보적이고 자유롭고 친절한 박애주의자 204
12. 직관적이고 몽상적이며 신비로운 카멜레온 207

에필로그 연애를 꿈꾸는 남녀들에게 210

| 제1장 |

SQ를 높여야 연애에 성공한다

1. 당신의 SQ(sexual quotient, 성적지능지수)를 높여라!

　아직도 이 땅의 많은 청춘남녀들은 성의 무지 상태에서 육체적 쾌락에 몸을 던지는 한편, 성의 두려움과 콤플렉스를 숨긴 채 우울과 고독의 합병증으로 매일 '죽어 가는(?)' 삶을 지속하고 있다. 이 같은 삶을 지양하고 SQ를 높이기 위해서는 먼저 성에 대한 생물학적, 생리학적, 사회적인 의미에 대한 기본지식을 습득해야 한다. 더불어 성의 역사에 대해서 공부하는 것도 자신의 성 의식을 점검하는 데 도움이 될 것이다.
　SQ는 지적 수준이나 경제력, 외모와 상관없이 마음을 열고 배우며 몸에 익혀서 실천해야 하는 능력이며 과제이다. 그리고 끊임없이 자신이 가진 편견의 벽과 부딪치는 가운데 새가 알의 껍질을 깨고 나와 날갯짓을 하듯 의식을 확장시키는 능력이다. SQ를 높이는 것은 인간성을 풍부하게 만들 뿐 아니라 정신적, 신체적 건강을 유지하는 길이기도 하다. 이 SQ를 높이기 위해서는 어떻게 해야 할까?

(1) SQ의 키워드는 파트너십이다.

상대를 존중하는 한편, 그보다 먼저 자기 자신을 사랑하고 존중하는 태도가 중요하다. 자신의 신체적 조건과 인격, 욕망에 대한 자긍심과 당당함을 가져야 한다. 자신을 부정하고 존중하지 않는 사람이 타인을 존중할 수는 없다.

또한 진정한 자긍심과 자기 존중감은 자신의 내면에 숨겨진 약점이나 부끄러움을 그대로 드러내고 스스로 껴안을 수 있을 때 확립되는 것이다. '나는 이런저런 약점이 많아! 하지만 더 많은 장점을 가지고 있어!'라고 자신에 대해 여유를 갖는 태도가 필요하다.

이성과의 교제를 힘들어하는 남녀들의 특징 중 하나는 '상대방이 나를 어떻게 볼까?'에 대해 과민하다는 것이다. 본인이 스스로를 마음에 들어 하지 않기 때문에 있는 그대로의 모습을 보여주기가 두려운 것이다. 하지만 실제로 우리가 만나고 싶은 사람은 자신의 약점을 숨기지 않으면서도 생기 넘치고 자신에 대해 당당한 사람이다.

그리고 상대의 개성과 성적 취향을 파악하고 관심을 표시하고 감정을 살피면서 상대의 욕구를 읽어 내는 것이 바로 상대를 존중하는 법이라고 할 수 있겠다.

(2) 칭찬은 종합비타민이다.

상대의 장점을 보기 위해 노력하고 칭찬한다면 그 결과는 부메랑처럼 자신에게 되돌아오기 마련이다. 칭찬은 지친 일상의 자양강장제로 기쁨과 감사의 선물이기 때문이다.

(3) 정직은 최상의 정책이다.

현재 연애를 하거나 결혼한 커플의 섹스로 인한 갈등의 발화점은 바로 커뮤니케이션의 부재다. 관계를 계속하면서도 서로의 성적 욕망이나 느낌에 대해 대화를 거의 하지 않고 표현도 솔직하게 드러내지를 못하다 보니 어느 날 갑자기 불만이 폭발하게 되는 것이다. 그러면 서로의 감정은 살점 떨어지듯 떨어져 나가고 만신창이가 되기 쉽다. 섹스만큼은 표현주의자가 될 필요가 있다. 평소에 솔직하게 표현하고 액션을 취하는 연습이 필요하다.

(4) 3K를 충분히 활용한다.

3K는 친절(kind), 키스(kiss), 킹(king)으로 친절함과 키스는 많을수록 좋으며, 왕처럼 당당하고 품위 있는 자세로 상대를 대해야 한다. 누구나

머슴이나 하녀에게 시중 받기보다는 멋진 왕녀나 왕과 상대하기를 원할 것이다.

(5) 성적 유머를 편안하게 받아들여라.

언젠가 남녀가 모인 술자리에서 성에 관한 유머를 서로 주고받으며 한참을 즐겁게 웃고 있는데 한 남자가 갑자기 생일잔치에 장송곡 같은 말을 내뱉는 것이었다.

"뭐 그런 천박한 주제로 웃고 난리야! 화제가 그렇게도 없나?"

그는 한국의 1등 대학 출신의 이혼남이었다. 나는 그 순간 그가 깡패처럼 보였고, 속으로 '저 남자 혹시 성 기능에 문제 있는 게 아닐까?' 하는 의심이 들었다. 나중에 그와 사귀었던 여자의 말을 들어보니 '혹시나'가 '역시나'였다.

그 뒤로 나에게는 이상한 버릇이 생겼다. 성적 유머에 과민반응을 보이는 남녀를 보면 유심히 관찰하게 되는 것이다. 성적문제(性的問題)는 성격문제(性格問題)와 어깨동무를 하기 마련이다.

(6) 성에 관한 주제를 가지고 사람들과 자유롭게 대화한다.

여러 사람들과의 대화는 성에 대한 객관적 인식을 넓히는 동시에 정보의 교환을 위해서도 필요하다. 특히 이성의 의견은 자신이 파트너를 선택하거나 교제를 하는 데 참고할 만하다.

(7) 성에 대해 긍정적이고 수용적인 태도를 갖기 위해 노력한다.

성과 관련한 온갖 범죄와 문제는 어둡고 습기 찬 곳에서 피어나는 곰팡이와도 같다. 긍정적인 사고는 가을 햇살처럼 밝고 따뜻하며 강한 힘을 가지고 있어 소독작용을 한다.

(8) 상대의 감정을 읽어라.

상대의 눈길, 몸짓, 태도 등에서 나타나는 상대의 감정을 읽을 줄 알아야 한다. 말 이외에도 많은 제스처를 통해 표현되는 바디랭귀지라는 언어를 읽음으로써 SQ를 높일 수 있다.

(9) 상대에게 믿음을 주어야 한다.

특히 여성은 생리적으로나 정서적으로 복잡한 메커니즘을 갖고 있기 때문에 믿음이 여성의 몸을 열게 하는 열쇠가 된다.

(10) 상대에게 성적 자신감을 불어넣고 용기를 주어라.

성에 무지할수록 불안감은 커지고 자신감은 추락한다. 그런 상대의 마음을 다치지 않게 노력하는 자세를 보이는 것이다.

2. SQ를 높이는 성적 매력과 지적 능력

　우리는 흔히 성적 매력을 외모 중심으로 인식하는 경향이 강하다. 그런데 실제로 이성과의 교제 중에 우리는 '눈' 보다 '뇌(정신적인 면)'를 통해 보다 많은 성적 매력을 감지한다.
　요즘 남자들은 '백치미인' 보다 지적인 여성에게 성적 매력을 느낀다고 한다. 지적 능력은 단순히 IQ가 높다거나 논리적이고 수학적인 능력만을 뜻하는 것은 아니다. 1983년 하버드 대학교의 하워드 가드너 (Howard Garder)박사는 인간의 지적 능력은 IQ로만 측정할 수 없는 여러 가지의 다양한 지능으로 구성되어 있고 개개인마다 다른 영역의 지능이 발달된다고 하였다. 음악이나 신체운동, 언어, 논리수학, 시공간, 대인관계, 자기 이해, 자연탐구 등 8개의 지능이 그것이다.

SQ를 높이는 성적 매력은 이러한 지능의 개발이나 발달과도 관련이 있다. 클래식 연주자가 아니더라도 음악 감상을 할 수 있으며, 그것은 우리의 음악적 지능을 높일 수 있는 한 방법이기도 하다. 이처럼 무용이나 연극 관람, 시 낭송, 디자인 전시회 관람, 여행 등의 취미생활은 뇌의 자극과 함께 파트너에게 생기와 활력을 주며, 동시에 성적 매력으로 작용하는 것이다.

일반적으로 가드너 박사의 8개 지능 외에도 성적 관심, 도덕적 감수성, 유머, 직관력, 창의성, 미각능력, 후각능력 등도 지적 능력의 영역에 포함시키고 있다.

특히 성적 관심이나 도덕적 감수성, 유머, 창의성, 미각능력은 SQ와 밀접한 관계가 있다고 볼 수 있다. 성적 관심이 높고 도덕적 감수성이 유연하며 창의성이 많고 미각능력이 뛰어나며 유머를 즐길수록 SQ와 성적 매력이 풍부해질 것이다.

성적 매력이 풍부한 사람은 바닷가의 파라솔처럼 그 주변으로 늘 사람들이 모여든다. 반면, 성적 매력이 없는 남녀는 오래된 시골집 창고 속에 뒹구는 농기구와도 같다.

진정한 성적 매력은 눈길 한 번에 끝나는 것이 아니라 옷감에 물이 들 듯 깊게 배어들기 마련이다.

3. SQ를 발달시키는 '파워 업그레이드(power upgrade)'

어느 모임에서나 우리는 다음과 같은 세 유형의 사람들을 만날 수 있다. 화제를 주도하며 사람들을 모이게 하는 중심 인물과 대화에 참여하여 같이 어울리는 사람, 그리고 혼자서 주변을 어정쩡하게 맴도는 사람.

SQ가 높은 사람은 사람들의 마음을 끌어당기는 매력이 있다. 매력은 외모나 학벌, 경제력보다 더 강한 에너지를 갖고 있다. 그런 조건들은 오히려 또 다른 누군가에게는 콤플렉스나 부러움, 질투의 목표가 될 수도 있다. 그러나 성적 매력은 개인마다 포인트와 취향이 천차만별임에도 불구하고, 매력적인 인간에 대해 끌리는 것은 누구나 공통적으로 느끼는 감정이다.

매력은 한 인간이 총체적으로 가지고 있는 인간상의 표현이라고 할 수 있다. 성격, 기질, 생활방식, 가치관, 정서적 태도, 대인관계 등이 복합적으로 표현되는 것이기 때문이다.
  그러면 우리는 과연 어떤 사람에게 매력을 느끼게 되는 것일까?

  첫째, 몸과 마음이 건강한 사람이다.
  매사에 심드렁하고 한숨이나 푹푹 내 쉬며 늘 피곤해 보이는 사람과 마주하고 싶은 사람은 없을 것이다. 생명체로서의 인간은 생명력을 추구할 수밖에 없다. 실제로 신체적 건강이 좋지 않은 사람은 마음과 생각도 부정적인 에너지로 차 있는 것을 느낄 수 있다. 건강한 마음은 긍정적인 사고와 유연성에서 나온다. **건강한 사람은 생기가 넘치며 많이 웃고 풍부한 감성으로 타인에 대한 이해가 깊다.**
  둘째, 건전한 생활방식을 가진 사람이다.
  규칙적인 생활습관과 자기절제를 갖고 있기 때문에 매사에 균형감각을 유지한다. 이들은 책임감과 신뢰감으로 원만한 사회생활을 영위한다.
  셋째, 인간관계를 중요하게 여긴다.
  인간에 대한 이해심이 깊고 관용적이며 친절과 겸손함이 몸에 배어 있으며 자신과 다른 사람의 의견도 수용하고 존중한다.
  넷째, 다양한 화제와 좋은 취미를 갖고 있는 사람이다
  다양한 화제는 정보제공과 함께 정신적인 자극이 되는 한편, 여러 분야의 사람들과 네트워킹(net-working)하는 기회를 만들어 준다. 또한 취미는 자신에게는 재충전과 휴식을 주고, 다른 사람에게는 새로운 세계에 대한 안내가 되기도 한다.

매력적인 인간은 건강하고 밝고 솔직한 성격의 소유자이며 자유롭고 유연한 사고로 사람들의 마음을 편하고 따뜻하면서도 기분 좋게 하는 힘을 갖고 있다.

이처럼 5월의 수목처럼 푸르고 가을 햇살처럼 따뜻하며 확 트인 넓은 바다 같은 느낌을 주는 그런 사람이 바로 SQ가 높은 사람이다.

SQ를 발달시키기 위해서는 다음과 같은 의식적인 훈련이 필요하다.

(1) 나 자신을 편하게 하는 법을 만들어라.

그것은 자신의 인생관, 가치관, 성향에 대해 객관적인 문제의식을 갖는 것에서 출발한다. 우리는 자신의 고정관념에 대해 무조건적으로 지지하는 경향을 갖기 쉽다. 그것이 점차 콘크리트처럼 굳어지면 배타성과 독선으로 흐르기 마련이다. 그리고 결국은 그 속에 자신이 갇히게 된다. 자신이 편해야 남도 편하게 대할 수 있는 것이다.

(2) 자신 안의 '팥쥐'와 대면하라.

여기서의 '팥쥐'는 자신 안의 부정적 경험이나 성향을 말한다. 한 개인의 역사에 있어서도 늘 자랑스런 영광의 순간만 있는 것은 아니다. 자신의 못난 점과 약점을 직시하고 수용하는 동시에 개선하려고 노력하는 자세를 갖는 것이 중요하다. 자신을 있는 그대로 받아들일 때 비로소 타인을 이해할 수 있는 것이다.

(3) 인간과 자연에 대한 호기심을 키우고 관찰하는 습관을 가져라.

눈과 귀를 열어 두면 감성의 문도 열리기 마련이다. 도시에 사는 우리는 과연 오늘 하루 하늘을 몇 번이나 바라보았는지, 길가의 풀 한 포기에 눈길 한 번 주었는지를 다시 한 번 생각해 볼 일이다.

(4) 삶의 긴장을 풀어라.

최소한 계절이 바뀔 때만큼은 도시를 벗어나 자연의 공기를 한껏 마시고 삶의 긴장을 풀도록 하자.

긴장이 풀릴 때 자연의 풍경과 소리와 향기가 가슴속으로 들어올 것이다. 대관령의 산기슭에서 놀던 젖소의 우유가 맛있고 시골 지붕을 날아다니던 토종닭의 육질이 좋은 것에는 다 이유가 있는 법이다.

(5) 몸과 마음, 그리고 영적 건강을 유지하라.

스포츠, 댄스, 요가, 명상, 영화감상, 독서, 연극이나 전시회 관람은 모든 감각을 자극시키는 작용을 한다.

(6) 이성과 대화하는 법을 배워라.

대화는 말하기와 듣기로 요약할 수 있다. 중요한 것은 말할 때는 상대의 표정과 태도, 반응을 주의 깊게 관찰하고 눈을 보면서 이야기하는 것이다. 말은 에너지를 가지고 있다. 솔직한 것도 좋지만 상대의 감정을 배려하면서 가급적 부정적인 이야기를 삼가는 것이 말하기의 에티켓이다. 특히 침대 위의 대화는 무엇보다 센스가 필요하다. 여자의 말 한마디가 남자를 '죽이기'도 하고 '살리기'도 하는 법이다.

듣는 태도에 있어서는 상대를 보면서 반응을 보이는 것이 필요하다. 무엇보다도 듣기는 해석을 제대로 해야 한다. 상대가 말하는 내용과 의도나 감정을 정확히 파악해야 하는 것이다. 말하기보다 듣기가 어려운 점이 바로 여기에 있다.

(7) 감수성을 훈련시켜라.

우리 주변에는 지적인 수준은 높은데 정서가 메말라 있고 뚝배기가 깨지는 듯한 태도로 사람을 대하는 남녀가 종종 있다. 그런가 하면 음악을 들어도 무신경하고 매사에 감정적 반응을 거의 보이지 않으며, 심한 경우에는 감정장애를 갖고 있는 경우도 있다.

요즈음에는 인터넷 중독으로 대인관계를 회피하거나 감정장애를 겪는 사람이 늘어난다고 한다. 그들의 삶은 마치 손톱 밑의 죽은 살같이 생명력을 잃은 것이다. 황무지에서는 사랑을 싹 틔울 수 없고 사막의 선인장끼리는 사랑을 할 수 없다. 가까이 갈수록 서로의 가시에 찔리기 때문이다. 이미지 요법이나 감정을 통제하고 이완하는 연습을 통해 감수성을 촉촉하게 만들자.

(8) 몸에 대한 감각을 개발하라.

자신의 성감을 개발하고 만족의 정도를 알기 위해서는 자신의 성적 욕망과 표현에 대한 반응을 스스로 터득하려는 노력이 필요하다. 특히 여성은 자신의 성적 만족을 어떤 부분에서 어떻게 얼마나 느끼는지 알아야 한다. 여성 스스로가 자신의 성에 눈 뜰 때 성적 존재로서 자유롭고 평등한 관계를 가질 수 있기 때문이다.

'내가 나를 모르는데 네가 나를 알겠는가?'

(9) 성에 대한 지식을 습득하고, 편견을 버려라.

성과 관련한 전문서적을 통해 성 지식을 습득하고, 성을 표현한 예술작품(문학, 음악, 회화, 조각, 사진) 등을 편견 없이 감상하는 태도를 가져라.

(10) 성의 독재를 지양하라.

  조화로운 파트너십은 대등한 입장에서 솔직하게 자신의 느낌과 감정을 표현할 수 있어야 한다. 어느 한 쪽에서만 일방적으로 요구하고 수용하는 것은 성의 독재일 뿐이다. 성의 독재는 사랑을 시들게 하고 병들게 하는 해충과도 같다. 파트너와 성에 대한 자유 의사를 교환하는 분위기를 만들어 나감으로써 성의 독재를 지양하라.

  벌거벗고도 자유롭지 않은 사랑은 무덤을 향해 가는 상여(喪輿)에 꽂힌 종이꽃과도 같은 것이다.

4. SQ를 높이는 성적 주체성과 양성성(Androgyne)

SQ(sexual quotient, 성적지능지수)의 키워드를 파트너십이라고 할 때, 성적 주체성은 SQ에 가장 우선되는 조건이 된다.

성적 주체성은 자신의 성(性)에 대한 주관적인 역할, 존재 등의 확신과 자신의 성에 대한 태도, 자신의 성적 욕구를 조절할 수 있는 능력을 갖추는 것을 의미한다.

성적 주체성의 확립은 자신의 성적 욕구를 바르게 인식하고 솔직하고 정직한 성적 의사 소통을 할 수 있을 때 가능하다. 자신이 원하지 않을 때 "NO"라고 말할 수 있고, 상대의 "NO"도 그의 입장에서 수용하고 존중해 주는 것이다.

성적 주체성은 육체적 성을 토대로 심리적 성과 통합된 것이다.

남성성(masculinity)은 강하고 용맹하며 자신감, 활동적, 성취지향적, 통솔력, 지배적, 독립적, 권위지향적, 객관적, 이성적 등으로 나타난다. 반면에 여성성(femininity)은 직관적이고 부드럽고 의존적, 감성적, 수동적, 친교적, 자기희생과 관련되어 있다.

남녀간의 성을 차별하던 권위적인 사회에서는 생물학적으로 주어진 남성에게 남성성을, 여성에게 여성성을 강요하고 학습시켰던 것도 사실이다. 그러나 칼 융은 한 개인 안에 내재되어 있는 양성성(Androgyne)에 대해 남성에게는 여성적 요소인 아니마(Anima)가, 여성의 인격 안에는 남성적 요소인 아니무스(Animus)가 있다고 보았다. 아니마는 원시적이고 본능적인 출산의 모성상, 낭만과 정서적인 매력, 종교적이고 미적인 모습이 지혜로움의 단계이다. 한편 아니무스는 힘(강인함), 영웅적인 행동, 통솔력, 지도적 매력이 지혜로움의 단계라고 하였다.

이러한 심리적 양성성은 여성적인 특성과 남성적인 것을 공유하게 하며, 학자에 따라서는 이런 양성성이 발달한 사람들을 심리적 건강과 자아존중감에 보다 중요한 역할을 하는, 행복한 삶의 모델이라고 보았다.

연애는 한 성인으로서의 신체적, 생리적 발달과 함께 정신적인 준비가 필요하며, 성적 주체성이 필수적으로 요구된다.

여성으로서 혹은 남성으로서 자신의 섹슈얼리티를 구현시키기 위해서는 이성의 도움이 필요하다. 그런데 남성은 자신 안의 여성적 요소가 남성성을 약화시킬지도 모른다는, 여성은 남성적 요소로 인해 여성성이 훼손당할지도 모른다는 두려움을 갖고 있다. 그러나 그 상반된 요소가 통합되어 나타나는 모습은 훨씬 자유롭고 성적 매력을 한껏 발산하게 되는 것이다.

요즘 매스컴에서 각광받는 연예인들을 보면 남자는 터프한 몸매에 부드러운 이미지를 가진 꽃미남이 대부분이고, 여자는 여성적인 섹시함을 바탕으로 자신감 넘치고 독립적이며 활동적인 남성적 분위기를 풍기고 있다. 그 둘의 공통점은 자신의 성적 욕구와 표현을 대담하고 솔직하게 드러낸다는 점이다.

여성의 경우, 자신의 성적 욕구를 스스로 가두는 것이 파트너십을 형성하는 데 가장 큰 걸림돌이 된다.

실제 여론조사에 따르면 '목석이나 시체처럼 누워 있는 여성을 가장 싫어한다'는 남성이 제일 많은 것으로 나타났다. 아이러니컬하게도 그에 속하는 여성들의 이야기를 들어보면 남자가 싫어할지도 모른다는 두려움 때문에 표현을 억제하게 된다고 한다.

이제 여성이 성적으로 무지한 것이 무기가 되던 시대는 지났다. 여성 스스로가 성적 존재로서의 주체성을 가지고 당당한 모습을 보일 때 비로소 아름답게 빛날 것이다.

'행복은 성적(性積) 순이다!'

상대에게 성적 표현을 요구하려면 먼저 자신의 성적 취향과 만족을 파악해야 한다. 먼저 자신의 몸을 관찰하여 생식기의 구조와 반응에 대한 관심을 가지도록 하자.

자위는 성적 욕구의 해소와 함께 몸을 공부하는 좋은 계기가 된다. 그러나 횟수를 적당히 하고, 신중한 기구 선택과 정확한 사용법을 익히는 것이 중요하다. 여성의 몸은 그 무엇보다 복잡하고 예민하기 때문이다.

성적 주체성의 확립은 파트너와 만족스럽고 행복한 성을 만들어 나가는 베이스(base)인 것이다.

| 제2장 |

SQ를 높이자

1. 너무나 다른, 그리고 닮은 남녀의 성 심리

　일반적으로 남자와 여자의 성 심리는 다르다고 말할 수 있다.
　즉, 남자는 여자보다 성욕이 강하고 동물적이며 성적 반응이 예민한 반면, 여자는 성욕보다 사랑이나 친밀함 같은 정서적인 감정을 더 중요시한다. 그래서인지 과거 이 땅의 어머니들은 딸에게 '남자 보기를 짐승같이 알라!' 는 식의 세뇌교육을 열심히 시키다가도 딸 나이가 스물다섯을 넘기기 시작하면 그 '짐승(?)' 과 짝짓기를 시키지 못해 애를 태우는 것이었다.
　생리학적으로 성욕의 원인은 성 호르몬의 분비에 의해 시작된다고 한다. 남성 호르몬인 테스토스테론이 많으면 '하고 싶은' 욕구가 커진다고 한다. 그러나 성 충동은 호르몬에 의해서만 일어나는 것이 아니고, 개인마다 편차가 큰 것 또한 사실이다. 성 에너지나 성욕은 남녀 차이보다는 개인 차이가 더 크다.

누가 여성의 성욕을 남성보다 약하다고 하는가?

현존하는 수많은 암컷 중에 가장 '밝히는' 암컷이 바로 인간(여자)이라고 한다.

데스몬드 모리스에 의하면 인간은 성적으로 진화해 왔으며 특히 여성의 몸은 쾌락주의적으로 발전했다는 것이다. 털이 없어지고 가슴과 엉덩이의 발달, 남성에 비해 더 많은 성감대, 반복적으로 계속되는 오르가슴 등등…….

또한 인간만이 발정기가 없다는 동물학자들의 말을 달리 이야기하면 이는 365일 내내 발정기가 된다는 뜻도 된다.

또한 여자의 성 기관은 섹스할 때 남자보다 훨씬 더 강한 성적 쾌감을 얻을 수 있는 조직으로 이루어졌다는 것이다. 여자의 몸에는 오직 섹스만을 위해 기능하는 신경대인 클리토리스가 있는 것이 그 예이다.

한편 다윈은 〈종의 기원〉에서 암컷은 선택하고 수컷은 과시하는 본능이 있는데, 이러한 차이는 성적 선택(sexual selection)에 기인한다고 하였다.

나는 TV의 다큐멘터리 프로그램 중 '동물의 세계'를 자주 보는 편이다. 이유는 인간에 대해, 그리고 남자에 대해 많은 것을 시사하기 때문이다. 재미있는 것은 많은 수컷들이 암컷의 바람기 때문에 전전긍긍하거나 2세를 위해 숭고한 부성애를 바친다는 사실이다. (사마귀 수컷은 교미 후 암컷에게 잡아먹힘으로써 2세의 영양분으로 작용한다)

그런데 같은 프로그램을 본 남자들은 여자의 숨겨진 본성에 대해 두려움을 느꼈다면서 자신들의 아버지 시대(가부장적 권위가 빵빵하고 여자의 성욕 따위는 생각도 하지 않았던)를 은근히 부러워하는 눈치였다.

어떻게 보면 여자의 성욕이 더 강하다고 할 수도 있지만, 이는 사실 개인차에 따른 것이지 성의 구분은 큰 의미가 없다. 그러나 성적 표현의 경우, 남녀간에 확실한 차이를 보인다.

일단 남자의 표현이 직접적이라면 여자는 간접적이라는 것이 가장 큰 차이일 것이다. 또한 남자의 유혹의 기술이 '중고딩' 수준이라면 여자는 '펀드 매니저' 급이다.

남자가 직진 돌격하는 편이라면 여자는 사방에 덫을 놓는 쪽이다. 이성의 성욕을 자극하는 방법 또한 단순하고 저돌적인 남자들에 비해 여자들은 애교 넘치는 목소리, 향수, 머릿결에서 묻어나는 냄새, 그윽한 눈빛, 가슴과 다리의 노출 등 다양한 방법을 활용한다.

결국 덫에 걸리는 포로는 남자인 셈이다. 그런데 아직도 우리 주변에서 여자와의 관계를 '먹었다'고 표현하는 남자를 종종 발견한다. 여자들이 보기에는 정말로 '웃겨 주는' 남자다. (착각은 아픈 현실을 잊게 하는 진통제가 되기도 하니까)

한편 크로키처럼 화끈한 남자의 성적 욕구에 비해 여자는 추상적인 유화처럼 복잡미묘한 부분이 있는 것 또한 사실이다.

남자는 자기 마음에 드는 여자를 만나면 순수한 본능(?)으로 '한 번 하고 싶다'는 생각이 솟구치지만, 여자는 그 '한 번'이 되기까지 적금을 붓듯 차곡차곡 감정을 충전시켜야만 하는 것이 일반적이다. 그것은 여성의 섹스에 대한 우리 사회의 편견과 억압이 얼마나 무식한 상태로 포장되어 있었는가를 시사한다.

예전에는 여자가 남자와 섹스를 한 것에 대해 속된 말로 "몸을 대줬다", "몸을 바쳤다", "몸뚱이를 굴렸다", "몸을 망쳤다", "따 먹혔다"라는 식으로 표현했었다. 이는 상당히 피학적이고 섬뜩하기까지 한 묘사다. 그야말로 '앵무새 몸으로 울었다'라는 영화가 상영되던 시대의 이야기인 것이다.

군사독재와 남존여비 사상이 밀월 동거하던 시절의 그러한 분위기는 청춘남녀의 섹스를 은밀하고 불결하며 위험한 행위로 몰아갔었다. 그러니 여성의 성욕은 구겨진 채 무의식의 세계에 처박힐 수밖에 없었던 것이다.

남자의 성욕은 강할수록 폼 나고 자연스러운 것이며, 여자의 성욕은 금기사항이었던 시대였다. (특히 독신녀는 수녀나 비구니처럼 금욕생활을 해야 한다고들 믿었고, 그녀들조차 그렇게 순결한 여자로 사는 것을

당연시하였다)

그래서 섹스할 때 여자가 성적 쾌감을 표현하는 것은 금기에 대한 도전장과도 같았다. (소위 '놀던 여자'조차도 내숭을 떠는 것이 예의라고 생각하였다) 그 누구도 '밝히는' 여자라는 낙인이 찍힐까 두려웠던 것이다. 그래서 아직까지도 결혼하지 않은 여자 중 상당수가 이런 구시대의 폐품 같은 의식을 갖고 있는 것 또한 사실이다.

반면, 결혼한 여자의 성에 대한 권리는 어느 정도 상승한 것처럼 보인다. 섹스를 자주 '해 주지' 않는다고 이혼청구소송까지 하는 사례가 매스컴을 통해 보도되는가 하면, 강남의 30대 미시족 중에는 남편 외에 섹스 파트너를 가진 경우가 꽤 많다는 이야기를 종종 듣는다. 그런데 그런 용감무쌍한(?) 미시족들 전부가 섹스에 대한 자의식이 강하고 당당한 것일까?

그녀들의 사생활을 잘 알고 있는 '연애 전문가(?)'의 말을 빌리자면 그녀들의 '바람'은 섹스를 포함한 결혼생활의 권태와 황폐함에서 시작되는 것이라고 한다. (그들 중에는 불감증인 여자도 꽤 많다고 한다) 그렇기 때문에 섹스에 대해서도 의외로 보수적이고 소극적인 태도를 갖는다고 전했다.

이렇듯 여전히 우리 사회에서는 여성이 자유롭고 당당하게 자신의 성적 욕구를 표현하는 것이 보편적인 일은 아니다. 그러나 시대의 흐름은 분명 섹스에 대해서도 남녀평등으로 가고 있는 추세이며, 실제로도 섹스에 대한 기존의 편견들이 대폭 수정되고 있는 상황이다. (매스컴에도 소개된 '팍시러브www.foxylove.net'라는 사이트의 내용을 보면 젊은 여성들의 당당한 성 의식을 읽을 수 있다)

성적 욕구나 표현이 다른 한편, 성에 대한 관심과 두려움을 느끼는 부분은 남녀의 공통분모다. 그리고 마음에 드는 상대에게 거절당할지도 모른다는 두려움과 성적만족에 대한 불안감 또한 누구나 조금씩 갖고 있는 공통된 감정들이다. 뿐만 아니라 그 누구도 섹스의 쾌락만을 원하지는 않는다는 점도 마찬가지라고 볼 수 있다.

따라서 연애를 시작하기 전에, 섹스를 하기 전에 우리가 먼저 알아야 할 것은 성에 대한 지식과 남녀의 성 심리에 대한 이해인 것이다.

2. 섹스, 아는만큼 사랑이 깊어진다

　섹스, 누구나 할 수 있는 행위지만 제대로 하지 못하면 신체적으로나 정신적으로 커다란 문제에 직면하는 과제이기도 하다.
　독일의 철학자 쇼펜하우어는 성관계를 모든 인간 행동의 원천으로 삼았다.

> 에로스는 만물의 근원이며 성관계야말로 모든 행위의 중심이다. 또한 아무리 감추려 해도 결국은 드러나는 행위이다. 성은 때로는 전쟁의 원인이 되기도 하고, 때로는 재앙을 종식시키는 원인이 되기도 한다.
>
> 〈의지와 이상으로의 세계〉, 쇼펜하우어

우리 세대는 성년이 될 때까지 제대로 된 성교육을 받은 적도 없었고 성에 대한 지식이나 정보를 접할 수도 없었다. 아니 더 정확히 말한다면 성 혹은 섹스라는 단어를 입 밖에 벙긋도 못한 채 얼떨결에 섹스 한 번하고 시집 장가를 간 남녀가 적지 않았다. 마치 대형사고를 낸 당사자간에 합의를 보는 식이었던 것이다.

반면 요즘은 인터넷 덕분에 성에 대한 온갖 정보가 홍수를 이룬다. 그렇지만 이 중에 대부분은 말초신경을 자극하는 내용들이 도배되고 있는 실정이다. 또한 '섹시' 코드가 각종 스포츠 신문과 TV 프로그램을 점령한지 오래다.

하지만 정작 사람들과 이야기를 나누어 보면 섹스에 관한 한 우리 사회는 아직도 미성숙 개발도상국이라는 생각이 절로 든다.

그러면 섹스에 대해 우리가 알아야 할 기본 내용은 어떤 것일까?

첫째, 남녀의 신체적, 생리적 구조에 대한 상식을 갖춰야 한다.

일부 여성 중에는 30세가 넘도록 자신의 생식기에 대해 전혀 모르는 여성이 있다. 특히 섹스의 경험이 거의 없는 여성은 아예 관심조차 두지 않으려는 경향이 있다. 상태가 심한 경우에는 섹스 없이 정신적인 만족감만 있으면 사랑이 가능하다고 믿기도 한다. (내가 보기에는 '마리아 콤플렉스'인 것 같다)

남녀의 서로 다른 몸에 대한 의학적 상식도 없고 성에 대한 심리가 어떤지에 대한 관심도 없으면서 섹스를 하는 것은 자동차의 구조도 모르고 운전만 한다는 것과 같다. 또한 섹스 없이 정신적인 사랑만 한다는 것은 밀가루가 곧 빵이라는 말과 같다. 물론 빵의 핵심은 밀가루지만 빵이 되기까지는 수분과 반죽, 숙성, 화력 등 여러 과정을 거쳐야 하는 것이다.

  둘째, 건강한 성 의식이 확립되어야 한다.

  즉, 섹스에 대한 부정적인 관념이나 왜곡되고 폐쇄적인 사고방식에서 탈피해야만 한다. 그것이 성적 억압으로부터 해방되는 것이며, 성적 자아감을 통해 자신의 감정을 솔직하게 표현할 수 있게 되는 것이다. 자신이 원하지 않는 섹스를 거부할 수 있는 당당함이 있어야 하며, '하고 싶어 미칠 것 같은 상대(연인 관계)'를 따뜻하게 안아 줄 수 있는 여유와 자신의 성적 취향과 표현을 정확히 전달하는 능력을 갖춰야 한다.

  셋째, 섹스를 어떤 수단이나 도구로 이용하지 않는다.

  비즈니스나 상대에 대한 집착 때문에 하는 섹스는 만족감과 즐거움 대신에 불편하고 비참한 기분을 갖게 할 뿐이다. 흔히 쓰는 표현으로 '의무방어전'은 연애할 때는 여자가, 결혼한 후에는 남자가 의무감에서 해 준다는 뜻이다. 말하자면 상대에 대한 관리차원에서 섹스를 한다는 것인데, 실제로 그렇게 하는 섹스는 쌍방 모두가 만족을 느끼지 못하는 것이 사실이다.

넷째, 섹스는 테크닉보다 본질이 우선한다.

요즘 시판되는 여성 잡지들을 들춰보면 섹스에 대한 기사가 약방의 감초처럼 반드시 실려 있다. 게다가 얼마 전부터 섹스에 대한 테크닉을 소개하는 지면이 많아진 것을 알 수 있다. 물론 독자들의 성생활에 도움을 주려는 서비스라고 이해하면서도 얼마만큼 신뢰성 있는 기사인지 의심이 갈 때도 있다.

물론 섹스 테크닉이 뛰어나면 상대의 몸을 사로잡을 수는 있다. 인간은 감각의 동물이기 때문이다. 하지만 지나친 쾌락추구는 육체의 노예가 될 뿐이다. 또한 인간은 정신적 만족을 추구하는 영적 존재이기도 하다. 그래서 사랑하는 존재와 섹스를 하고 싶다는 열망을 갖는 것이다. 인간의 섹스가 단순히 생식기의 결합이나 접속이 아닌 이유가 바로 그것이다. 거창하게 표현하면 섹스라는 행위는 우주 안의 별과 별의 부딪침이고 한 세계와 다른 한 세계의 만남이라 할 수 있다.

우리는 섹스를 통해서 상대의 성격, 기질, 성장배경, 가치관, 분노, 좌절감 등등의 많은 것을 파악하고 느끼게 되며, 또 그를 통해서 나 자신을 알게 되는 것이다. 섹스의 능력은 상대를 '홍콩(쾌락의 끝)'에 보내거나 '죽이는' 데 있는 것이 아니라 (아직도 이런 마초적 사고를 가진 남자들이 곳곳에 널려 있다) 두 사람이 서로의 존재감을 확인하는 과정에서 얼마나 조화를 이루느냐에 있는 것이다. 상대의 숨결과 손길과 눈길을 마주하며 호흡을 읽어내고 감정을 교환하는 가운데 불꽃을 터트리는 그것이 바로 섹스의 본질인 동시에 사랑의 힘인 것이다.

누군가를 깊이 사랑한다면 그의 몸과 마음을 함께 어루만지는 것이고 자유롭게 하는 것이며 행복감을 주는 것이다.

인간의 성욕에 대한 연구로 유명한 매스터즈와 존슨 박사는 사랑의 관계를 발달시키고 유지하기 위해서는 서로의 성적인 만족이 중요하다고 강조하는 한편, 성적인 관계가 깨지면 애정도 곧 깨지는 사례가 많다는 연구결과를 발표하였다. 간혹 애인과의 섹스 트러블로 갈등을 겪거나 헤어진 커플의 하소연을 듣다 보면 정말로 '타인을 사랑하는 법'을 배워야 함의 필요성을 절실히 느끼곤 한다.

대기업에 다니는 Y씨와 유치원 교사인 E양은 31세 동갑으로 1년 정도 사귀다 두 달 전에 헤어졌다. 한동안 실과 바늘처럼 붙어 다녀 주변의 부러움을 샀던 사이였고 결혼이야기도 오갔다고 한다. 그래서 주변에서는 그들의 이별을 두고 뒷말이 많았다. 키가 훤칠하고 부유한 Y씨에게 새 여자가 나타났다는 둥 E양과의 혼수문제로 틀어졌다는 둥……. (그녀의 집안은 경제적으로 어려움이 있었다.)

그런 E양이 얼마 전에 전화를 걸어왔다. 통화가 한참 길어지면서 그들이 결별한 사연을 듣게 되었다.

Y씨는 보기와는 달리 내성적인 성격에 섹스에 대해서 굉장히 보수적이고 권위적이었다는 것이다. 그녀는 울먹이며 여자의 기분이나 감정은 무시한 채 자신의 만족만 채우는 그와의 일방적인 섹스가 싫었다고 털어놓았다.

어느 날 사소한 일로 다툰 끝에 자신의 불만을 터트렸더니 여자가 감히 어디서 섹스라는 말을 입에 올리느냐면서 과거가 의심스럽다, 없는 집 출신이라 가정교육이 덜 돼 먹었다는 등의 모욕적인 말을 퍼부었다는 것이다. 미친 듯이 욕을 해대는 그의 얼굴을 보면서 그녀는 갑자기 정신이 번쩍 들었다고 한다.

'이게 바로 이 남자의 진짜 모습이었구나!'

그 순간 그녀는 자신의 인생 파일에서 Y씨를 삭제시키면서 그를 향해 비수를 던졌다.

"당신이 조루인 것은 참을 수 있었지만, 이제 당신 자체를 참을 수 없어!!!"

인내심은 충분한 가치가 있을 때 필요한 것이다. 벽에 대고 공을 세게 던지면 내 앞에 돌아오는 공에도 그만큼 힘이 들어가 있기 마련이다.

사랑은 이데올로기가 아니다. 상대의 몸과 마음을 함께 사랑하는 것이 바로 진정한 사랑인 것이다.

3. 섹스 관계를 맺는 7개의 시추에이션

우리는 한 평생을 살아가면서 한 명 혹은 다수의 남녀와 섹스 관계를 맺게 된다. 그리고 같은 상대와 섹스를 해도 매번 똑같은 감정과 감각으로 느끼는 것은 아니라는 사실을 알고 있다. 일상 속에서 섹스만큼 '할 때마다' 새롭고 떨리며 두근거리는 감정을 불러일으키는 것은 없다. 그 감정들이 죽어갈 때 섹스는 생명력을 잃게 되는 것이다.

섹스는 반드시 오랜 연인 사이에서만 이루어지는 것이 아니다. 마치 교통사고처럼 우연히 일어날 수도 있기 때문에 때로는 관계를 맺고 난 후 자책감과 실망, 수치심 등등으로 후회하는 경우가 생기게 된다.

나는 남녀가 만나 섹스를 하는 상황을 대략 다음의 7가지 경우라고 생각한다.

(1) 여자가 섹스어필하고 섹스에 대해 쿨(cool)한 사고를 가진 경우

섹스를 엔조이라고 생각하는 남자들은 대체로 이런 타입의 여자를 '작업대상'으로 선호하는 경향이 있다. 이 경우는 남자의 지배욕과 관련이 있다. 즉, 여자를 성적대상으로 보고 자신의 능력을 과시하고 싶은 것이다. 쿨한 남녀끼리의 섹스는 자칫하면 서로에게 성적대상으로 도구화될 위험이 내재되어 있다.

(2) 사랑에 대한 확인을 하고 싶은 경우

남녀가 데이트하는 횟수가 늘어나면서 연애의 단계에 돌입하게 된다. 이 시기에는 한마디로 눈에 콩깍지가 씌워져 서로에게 열중하게 되고 '사랑'이라는 명분에 감전되는 것이다.

사랑의 X파일은 '비밀'과 '공유'이다. 두 사람만이 알고 있는, 그리고 공동으로 소유하고 있는 경험과 감정을 나눠 갖고 싶은 것이다. 그런 욕망의 첫 단계가 바로 섹스라고 할 수 있다. 그래서 연애과정에서 첫 섹스가 있기까지는 일정 시간이 필요한 것이다. (요즘은 그 소요시간이 무척 짧아지는 추세이지만)

(3) 관계를 결속시키기 위한 경우

　연애를 하는 과정에서 서로 거리감이 생겼거나 어느 한 쪽이 다른 상대에게 눈길을 돌릴 때 섹스는 종종 사랑의 묘약으로 쓰이기도 한다. 서로에게 익숙해진 몸의 기억을 통해 과거의 추억을 되살려 관계를 안정시키고자 하는 것이다. 그러나 이러한 시도가 늘 좋은 결과를 갖는 것은 아니다. 사랑의 묘약이 오히려 독약이 되는 수도 있다.

(4) 긴장과 불안감을 해소하려는 경우

　우리는 일상 속에서 많은 스트레스를 갖고 살아간다. 과중한 업무나 인간 관계에서 오는 긴장과 불안감이 주는 압력 때문이다. 알코올, 게임, 스포츠, 취미생활 등은 그런 스트레스를 해소시키는 작용을 한다. 그러나 술을 마시거나 운동을 하는 등의 스트레스 해소법은 일정한 한계를 가질 수밖에 없다.

　섹스는 인간의 모든 행위 중 가장 사적인 관계이다. 그 상대가 매춘이든 사랑이든 간에 그 행위 자체가 일탈과 해방의 돌파구가 되는 것은 인간의 원초적 욕망인 귀소본능 때문이다.

　우리는 사회를 구성하는 한 구성원으로 누구의 자식이며 형제이며 상사인 동시에 부하이며 남편이며 친구라는 등등의 여러 개의 마스크를 번갈아 가며 바쁘게 살아간다.

섹스는 넥타이와 혁대만 풀어헤치는 것이 아니라, 이처럼 자신이 걸쳤던 모든 '문명'을 벗어버리는 행위인 것이다.

(5) 외로움에 대한 욕구충족을 위한 경우

인간은 근원적으로 외로운 존재이다. 그런데 유난히 외로움을 많이 타는 남녀들이 있다. 그들은 성장기의 가족 문제로 인한 애정과잉이나 결핍의 상처를 가졌다는 공통점을 보인다. 때문에 누군가 약간의 관심과 배려를 보여주면 그 상대와 급속도로 가까워지고 관계를 맺는다. 나는 '플레이 걸'이나 '플레이 보이'가 성적으로 헤픈 남녀라기보다는 외로움을 잘 타는 사람들이라는 생각이 든다. 그러나 아이러니한 것은 그들의 외로움은 많은 상대를 만날수록 더 커진다는 사실이다.

(6) 섹스를 스포츠로 생각하는 경우

요즘 2~30대 남녀 중에는 섹스를 서바이벌 게임이나 운동경기로 생각하는 사람들이 있다. 그들에게는 맘에 드는 이성을 '작업대상' 삼아 정복하고 자신의 성적 능력을 확인하는 과정을 즐기는 심리가 있다. 그래서 자신의 성적 욕망을 개방적으로 표현하고 '테크닉 삼매'에 빠지기도 한다. 섹스를 스포츠라고 생각하기 때문에 쿨하고 건조한 정서를 지녔으며, 여러 명의 섹스 파트너를 갖기도 한다. 그들에게 있어 섹스는 가볍고 충동적이며 무책임하며 자유로운 것처럼 보인다.

하지만 과연 그럴까?

어느 '스포츠맨(?)'의 고해성사를 받은 적이 있다.

어린 시절 부모의 이혼으로 외국에서 15년을 산 그는 16살부터 섹스를 했다고 한다. 여러 국적의 여자들과 다양한 경험을 한 탓인지 섹스에 관해서는 전문가 수준이었다. 28년을 살면서 2백 여 명의 이성을 상대했다고 한다. 그런데 내가 보기에 그는 정서불안에 시달리는 문제아 같았다. 동시에 그의 내면에는 인간에 대한 불신과 분노와 좌절감, 두려움과 외로움 등이 복병처럼 숨어 있다는 느낌이 전해졌다.

(7) 우발적이고 충동적으로 일어난 경우

'원 나이트 스탠드'인 경우는 평소에 정서적으로 혹은 육체적으로 억압되었던 감정들(애정, 성욕)이 알코올이나 분위기에 편승하여 성적 충동을 일으켰다고 볼 수 있다. 때문에 섹스가 끝난 뒤, 후회와 자책감에 시달리기도 한다. (흔히 '사고 쳤다'고 표현한다) 그런가 하면 평소에 친구나 선후배, 혹은 직장 동료 등 친분이 있는 사이에서 섹스 관계가 생기면 감정적으로 일시적 혼란을 겪게 된다. 그렇게 우발적인 사고로 시작하여 연애로 발전하는 경우도 있지만, 반대로 우정이나 인간관계가 끝나기도 한다.

4. '파트너십' 없는 섹스에 기쁨도 사랑도 없다

'Love is Touch(사랑은 만지는 것)'

사랑은 터치하고 느끼는 것이지 관념이 아니다.

우리 세대는 그야말로 성의 암흑시대 속에서 사랑은 숭고하고 정신적인 것이고, 섹스는 그 사랑을 위한 행위일 뿐이라고 생각하며 청춘을 보냈다.

오늘날 여성들의 사회진출로 직장에서나 가정에서 어느 정도 남녀평등이 이루어졌다고는 하지만 섹스 관계에서는 여전히 남성 우위적 성향이 주류를 이루고 있다. 아직도 이 땅에는 남자가 섹스의 주도권을 가져야 되는 줄 알고 있는 사람들이 있다. 내가 보기엔 그런 무지와 편견이 그들을 '빅 사이즈 콤플렉스'와 '조루 공포증'으로 몰아가는 것 같다.

그런가 하면 사랑하는 그이의 '자존심'을 위해 자신의 욕망을 죽이다가 우울증과 불감증으로 병원신세를 진 열녀(?)들도 여러 명 보았다.

섹스를 함께 한다는 의식이 없이 저 혼자 보검을 휘두르는 것처럼 생각하다 보니 힘도 많이 들고 신경이 예민해지는 것은 당연한 일일 것이다. 이런 남자들은 섹스에 문제가 생기면 급속도로 성격이 꼬이고 강박관념과 불안이 심해진다고 한다.

섹스는 사법고시가 아니다. 그렇다고 머리가 아프고 코피가 쏟아지는 이종격투기도 아니다. 두 사람이 산책하고 소풍가는 일처럼 즐겁고 편안하게 열린 마음으로 하는 육체의 언어이고 커뮤니케이션인 것이다.

한편 여자도 적극적인 자기표현을 통해 상대와 호흡을 맞추는 성적 주체가 되어야 한다. 그러기 위해서는 자신이 가진 성적 억압을 해방시키려는 노력이 요구된다. 남자들은 여자와의 섹스를 속된 말로 "보내 버렸다", "죽여줬다", "녹였다"고 표현한다. 그 안에는 남자가 섹스의 주체이고, 여자는 객체라는 의미가 숨어 있다. 그래서 남자의 왕성한 성욕은 부러움의 대상이 되는 반면 여자의 성욕은 '밝힌다' 하여 질시와 경계의 눈길로 꾹꾹 밟아 버렸다. 그런데 그 소위 '보내 버려진' 여성 가운데 오르가슴(성적 흥분의 절정)을 한 번도 경험하지 못한 사람의 비율이 40%에 이른다고 한다.

남자의 오르가슴은 사정으로 확인되고 여자는 클리토리스의 자극에 의한 것이라고 한다. 여성 생식기의 구조와 절정에 도달하는 시간의 차이는 개인마다 다르며, 이에 따른 성적 반응 또한 다양하기 때문이다.

파트너십이 없는 섹스는 언어장애이며 상호교류가 없는 '원 웨이 티켓'인 셈이다. 섹스에는 무엇보다 페어플레이가 요구되며, 섹스에서 평등하지 않은 남녀 사이는 그들의 사랑 또한 평등하지 못하고 자유롭지 않을 것이다.

여성이 자신의 성적 욕망과 표현을 자유롭게 이야기하지 못한 채 죄를 진 듯 숨기면서 자아가 상처받는다면 그녀의 사랑도 병들기 시작한다. 공동의 기쁨을 위해서는 공동의 노력을 해야 한다. 상대의 기분이나 컨디션이 다운되었을 때는 마사지도 해 주는 서비스 마인드를 가져야 한다. 사랑도 기술이 필요한 것이다. 그 기술은 마음이 가르쳐 준다.

요즘 모두들 경제가 어렵다고 아우성이다. 한마디로 살기가 퍽퍽하고 스트레스 지수는 높아져만 간다. 남자들은 성욕의 감퇴나 성 기능 장애를 일으키는 경우가 늘어난다고 한다. 내가 생각하기에는 이런 때일수록 발상의 전환이 필요하다고 본다. 일이 안 풀리니까 섹스도 안 된다는 생각을 버리고, 역설적으로 섹스를 통해서 활력을 얻고 그 힘으로 일을 풀리게 하는 것이다.

생존경쟁의 스트레스가 쌓일수록 사랑하는 상대와 대화를 나누고 서로의 어깨를 빌려주며 안마도 해 주고 섹스로 피로를 푸는 것이다. 실제로 스트레스가 원인이 되는 병의 치료에는 '굿 섹스(good sex)'가 효과적이라고 한다. 이럴 때의 섹스는 서로에게 용기와 희망을 담은 '따뜻한 선물'이며 자양강장제라고 생각한다.

섹스는 두 사람이 함께 하는 이중주이다. 상대의 몸의 구조와 감각, 감정변화, 컨디션, 성감대 등을 느끼면서, 때로는 대화를 통해 표현해야 서로를 깊이 알 수 있고 사랑의 감정도 증폭되는 것이다.

건강한 사랑은 자유롭고 평화로우며 행복한 감정이다. 사랑은 존재의 확인이며 생의 에너지를 주는 불꽃이며 배터리인 것이다. 사랑은 섹스를 통해 표현되고 숙성되며 완성하는 것이다. '파트너십'은 건강한 섹스, 완전한 사랑으로 가는 패스포드이다.

내가 아는 여자 중 건강한 성녀(?)가 있는데, 그녀의 성생활을 들어보면 코믹에로물이다. 그녀의 연식은 최소한 35세가 넘었고 얼굴은 미인형이고 몸매는 '몸꽝'이고 성격은 재기발랄에 활달하고 카리스마가 있으며 풍향은 대체로 맑음이나 드물게 천둥번개로 변하기도 한다. 그녀는 25세가 될 때까지 남녀의 연애 관계에 대해 무지하면서도 냉소적이었다고 고백한다. 그녀는 3년 간의 결혼생활 속에서 남편과 섹스를 한 횟수가 '69'번이 못된다고 강조했다. 신혼임에도 불구하고 평균 15일에 한 번 정도인 셈이다. (그녀의 전 남편은 섹스는 2세를 위한 목적과 남녀의 동물적 욕구해소 차원에서 최소한 하는 것이라는 엽기적 성도덕주의자였다고 한다)
그녀는 이혼 후 처음으로 사랑하는 남자를 만났고 5년 동안 활화산처럼 연애를 하다 끝을 냈다. 이별 후 그녀는 자신이 가슴이 아프다 못해 심장병으로 죽지 않을까 늘 걱정을 했단다.
세월이 지난 지금 '섹스 없는 곳에 사랑 없다'는 것이 그녀의 주장이다. 그래서 나는 그녀의 애인이 변강쇠인 줄 알았다. 그녀가 애인을 만나러 가는 날이면 향수에 바디크림, 문어발(플라스틱으로 된 마사지용), 검정 망사 슬립, 홍삼드링크 몇 병 등으로 가방이 묵직해 보였다. 그녀의 말인즉 서로에게 마사지를 해 준다는 것이다. 그녀는 자신의 따뜻한(?) 성생활을 위해 마사지를 받으러 다니면서 요령을 배웠다고 한다. 나중에 들은 이야기로 그녀의 애인은 평범한 남자로 '성적이 보통'이라고 했다. 그녀들은 둘 다 컨디션이 안 좋으면 애무 대신 안마를 해 주며 각자가 들은 섹스 유머를 들려주고 같이 웃고 논다는 것이다. 그녀의 이야기로는 노는 것 중에 가장 편하고 재미있는 것이 벌거벗고 놀 때라고 한다.
어느 날은 성에 대한 학문적 토론도 벌이다 실험을 한다며 '야간 레슬링'으로 발전하여 지적대화에서 신체훈련까지 간다고 킬킬거리는 것이다.
가끔씩 자신은 사회인이 아니라 '야성의 엘자'가 되고 싶다는 그녀에게서 여신의 풍요로운 관능이 뚝뚝 흘러내리는 것을 느꼈다.

5. 웰빙 섹스(Well-being sex)는 성적 자아감(Sexual self-concept)에 달려 있다

　웰빙(well-being)의 사전적 의미는 '행복, 안녕, 복지'라는 뜻으로 만족한 인생을 살되 삶의 질을 높이자는 가치관을 담고 있다.

　행복의 기준을 건강한 신체와 정신을 유지하는 균형 있는 삶에 두고 있는 것이다. 그런데 요즘 우리 사회의 웰빙은 자본주의의 상술과 어깨동무를 하면서 그 본래의 의미가 증발된 것 같다. 마찬가지로 성도 그 본질이 왜곡된 채 섹스산업의 쓰레기 같은 정보에 매도되고 있는 것이 현실이다.

　웰빙 섹스는 신체적, 정신적으로 행복감을 느끼는 건강한 섹스라고 표현할 수 있다.

　그러면 어떻게 해야 웰빙 섹스가 되는 걸까?

그것은 바로 성적 자아감(Sexual self-concept)의 확립에 달려 있다.
성적 자아감은 자신의 성에 대한 욕구, 태도, 가치관, 행동양식, 능력, 역할, 신체특징에 대해 명확히 알고 이를 통해 성적 존재로서의 고유성을 인식하는 것을 말한다. 성과 관련된 모든 문제는 성적 자아감과 깊은 연관을 가질 수밖에 없다.

특히 우리 사회처럼 오랫동안 성을 억압하고 숨기며 터부시하는 문화 속에서 살아온 기성세대는 아직도 성을 단순한 남녀간의 잠자리 문제라고만 여기는 경향이 있다. 그러나 한 개인의 성과 관련한 문제는 그의 삶에 직접적인 영향을 미치게 된다.

2004년에 각 일간지의 사회면을 장식한 한 사건이 있었다.

아내를 성추행한 남편에게 법원에서 강제추행치상죄를 적용하여 유죄 판결을 내린 사건이다. 헌법(제10조)에 보장된 인간의 존엄과 가치에 그 근거를 두고 원치 않는 성관계를 거부할 수 있는 '성적자기결정권'이 있음을 최초로 인정한 것이다. 이를 두고 법조계와 여성계는 시대의 변화에 따른 것이라 하여 환영하였다. 그런데 그 뉴스를 들은 일부 남성들은 '최후의 보루(?)'를 빼앗긴 듯 한숨과 탄식을 터트렸다고 한다. (내가 보기에 그들은 앞으로 '살기'가 점점 고달파지리라 확신한다)

실제로 성에 대한 무지는 20대나 그 이상 세대를 막론하고 오십보백보 차이인 것 같다. 성교육을 체계적이고 올바르게 받은 경험이 전혀 없기 때문이다. 우리 여고 동창 중에는 한 번의 섹스로 초고속으로 결혼에 골인한 경우가 꽤 있다. 반면에 잘못된 그 하룻밤 때문에 자살미수로 병원에 실려 간 친구도 있다.

성적 자아감은 또래의 동성 친구들과 밀접한 관계에 있다고 한다. 사춘기 초기에 나타나는 신체적 변화(성적 성숙)와 이로 인한 성적 충동의 증가 및 생식능력의 발달, 한 사람의 성인으로서 남성 혹은 여성에 대한 사회적 기대 속에서 형성되는 것이다. 〈성의 심리학〉, A.G 카플란 · M.A 세드니

그러면 웰빙 섹스로 가는 성적 자아감은 어떻게 확립할 것인가?

먼저 자신의 성 지도(Sex Map)를 작성해 보는 것이다. 즉 자신이 태어난 후 현재까지의 위치를 성과 관련된 사항을 중심으로 추적해 보는 방법이다.

(1) 내가 기억하는 어린 시절의 성에 대한 기억은 긍정적인가?

유년기의 경험이 인간의 일생을 지배한다고 한다. 특히 유년기에 가졌던 성 역할, 성과 관련한 놀이, 성적 경험(추행, 폭행 등)은 잠재의식 속에 남아 성인이 되었을 때 대인관계나 연애, 결혼 문제에 영향을 미친다는 것이 일반적인 견해이다.

(2) 나의 가족은 성에 대해 어떤 분위기였는가?

부모의 결혼생활과 성 가치관은 자녀에게 강한 영향력을 미친다.

또한 부모의 교육수준, 가치관, 경제력, 가풍, 결혼생활의 만족도, 주거환경 등에 따라 개인간의 차이가 크게 나타난다.

(3) 나의 성 의식과 가치관에 신앙생활이 영향을 끼쳤는가?

불교나 천주교, 기독교는 성에 대해 보수적 성향이 강하기 때문인지 신앙심이 독실한 남녀 중에는 성의 무지와 억압으로 갈등을 겪거나 이성교제에 어려움을 느끼는 경우가 있는 것을 종종 보게 된다.

(4) 나의 첫 성적 경험(키스, 애무, 섹스 등)은 누구였으며 어떤 사람이었나?

남성에 비해 훨씬 다면적인 감각체계를 갖고 있는 여성은 첫 상대와의 경험과 느낌에 대해 민감한 편이다. 단 한 번의 경험으로 몸과 마음을 꽁꽁 닫아걸고 제대로 연애 한 번 못한 채 '살아져 가는' 여자들을 곳곳에서 볼 수 있다.

(5) 내가 성에 대한 부정적인 느낌을 갖게 된 동기는 무엇인가?

부모의 외도나 가정폭력에 노출되어 성장한 남녀들은 성을 불결하고 추잡한 것으로 생각하거나 냉소적인 시선으로 대하기도 한다.

(6) 내가 알고 있는 성 지식이나 정보는 어디에서 얻었나?

과거, 남자들은 도색잡지나 '빨간 책'이 성 교과서였고, 군대는 출처 불명의 성 지식이 수집, 교환되는 창고 역할을 하였으며, 선배나 친구들로부터 과장되고 왜곡된 성을 전수 받기도 했다. 여자들도 언니나 선배의 경험담과 잘못된 성 지식, 여성지의 기사들을 토대로 단편적인 지식을 얻었다.

(7) 성적 가치관, 성적 취향, 성 역할, 성적 존재로서 현재의 '나'에 만족하는가?

이것이 바로 성적 자아감을 나타내는 중요한 지표가 된다. 성적 자아감이 높을수록 성에 대한 편견과 억압이 없고 타인과의 관계가 안정적이고 평등하다. 그리고 자신의 고유한 성 역할에 충실하면서도 상대의 성을 이해하고 배려하는 태도를 갖는다.

이렇듯 성적 존재로서의 '나'에 대한 애정과 당당함을 가질 때 비로소 여성, 혹은 남성으로서 주체적인 인격체가 되는 것이다.

(8) 나의 성적 욕구와 감각에 대해 솔직하게 표현하고 있는가?

독신을 대상으로 한 잡지 '싱글즈'의 성생활 관련 설문조사에 의하면 독신여성 9백 명(25~32세) 중 65.2%의 여성이 섹스 도중 자신이 원하는 것을 상대방에게 요구한다고 응답했다. 그 기사를 보고 세상이 참 많이 변했다는 생각이 들면서 드디어 침대에서도 남녀평등이 이루어지고 있다는 느낌을 받았다.

서로의 성적 욕구와 감각을 표현하지 못하는 관계 속의 섹스는 타다 만 장작더미와 같아서 시간이 지나면 '의무방어전'으로 전락하는 것이다.

(9) 자신의 신체적 외모와 성격에 대해 어떤 태도를 갖고 있는가?

누구나 자신의 외모에 대해 조금씩은 콤플렉스를 갖고 있다. 자신의 외모에 늘 만족하는 사람은 아마 없을 것이다. 하지만 남보다 키가 작다거나 피부가 안 좋다거나 살이 많다는 등의 외적인 콤플렉스를 치명적인 약점으로 인식해서는 안 된다.

인간에 대한 평가가 매스컴에서 조장하는 '몸짱' 신드롬으로 인한 외모지상주의로 흐르는 것은 한국사회의 천민자본주의를 보여주는 단적인 예일 뿐이다. 연예인은 '몸'으로 먹고살아야 하기 때문에 충분히 이해가 되지만 일반인은 다른 것으로 승부를 걸어야 하지 않을까?

내 몸을 존중하지 않는 사람은 상대의 몸도 존중할 줄 모르며 정신적인 소통에 문제가 생기기 마련이다. 몸의 감각을 느끼는 것은 뇌이고 정신적 만족 또한 뇌에서 느끼기 때문이다.

웰빙 섹스는 나의 몸을 사랑하는 마음에서 출발하는 것이다.

(10) 나는 성을 통해 무엇을 추구하고, 무엇을 얻고자 하는가?

성을 쾌락적인 본능을 만족시키기 위한 방편이나 사랑을 유지하는 도구라고 여기는 사람도 있고, 의사소통의 수단 혹은 자신과 상대의 완전한 결합의 매개체, 자신과 세계를 이해하는 영성개발 등 추구하는 성의 목표는 개개인마다 다를 수밖에 없다. 그리고 성의 목표를 어디에 두느냐는 자신의 성적 태도와 성생활에 그대로 드러난다.

그러나 어떠한 경우에도 자신과 타인을 성적 도구나 교환가치의 수단으로 삼아서는 안 된다. 그런 잘못된 목표가 성적 자아를 병들게 하기 때문이다.

성의 목표를 제대로 세우는 것이 바로 성적 자아를 건강하고 자유롭고 당당하게 키우는 길이며, 웰빙 섹스로 삶의 질을 업그레이드시키는 것이다.

6. 성적 편견과 무지가 '섹스 왕따'를 만든다

요즘 우리 사회의 성 풍속을 들여다보면 대략 다음과 같은 4개의 그룹으로 나뉘어지고 있음을 알 수 있다.

(1) 섹스리스(sexless)

정서적·정신적인 것을 추구하면 연인이나 부부사이에서도 섹스 없이 사는 것이 가능하다는 반응을 보이는 남녀들이다. 당사자들이 불만 없이 잘 산다면 아무 문제가 없을 것 같지만, 그 속사정을 알고 보면 절대 그렇지 않은 것이 현실이다.

내가 아는 커플 몇 쌍 중 두 커플은 이혼을 했고, 다른 커플은 심각한 부부갈등을 겪고 있는 중이다. 가장 가까운 관계에서 쉽게 털어놓을 수 없는 이야기가 바로 섹스 문제이기 때문이다. 자신의 성적 편견과 무지는 상대에게까지 영향을 미치고 상처를 주는 결과를 가져온다. 그러면서도 정작 본인은 자신이 상대를 사랑하고 있다는 관념에 갇혀 있는 것을 모르고 있다. 지적으로 무장된 여자가 빠지기 쉬운 함정이다.

사랑의 본질은 관념이 아니라 몸과 마음으로 느끼는 것이다.

(2) 섹스 노말(sex nomal)

보통의 남녀들이 이에 속한다고 볼 수 있다. 섹스에 대한 지식과 정보에 특별한 관심을 보이지는 않지만 잡지에 나오는 기사들을 꼭꼭 챙겨 읽는다. 연인이나 부부관계가 오래 지속될수록 매너리즘과 진부한 성생활로 권태기를 빨리 맞이할 가능성이 높다. 성생활에도 리모델링이 필요하다는 사실을 파트너와 함께 고민해야 할 것이다.

(3) 프리 섹스(free sex)

사랑의 감정과 섹스를 분리시키는 남녀들이다. 기혼자들의 채팅교제, 그룹 섹스, 스와핑, 약물복용 등으로 빠지기 쉽다. 섹스를 쾌락의 수단으로만 생각하는 한 진정한 섹스의 의미를 느낄 기회가 찾아오지 않을 것이다. 또한 감정의 피폐화로 인한 정신질환과 범죄, 가정파탄의 결과를 야기하기도 한다.

(4) 섹스 휴머니즘(sex humanism)

섹스가 인간을 인간답고 행복하게 살 수 있게 하는 중요한 의사소통의 방법이라는 생각을 하는 사람들이다. 섹스에 대한 경험, 지식, 정보도 풍부하며 성적 능력에 자신감을 갖고 있는 사람들이 이에 속한다. 특히 이들은 상대의 신체적 특성과 심리에 대한 깊은 배려와 이해를 보인다. 그러나 이 그룹은 일반적인 기준으로 그렇게 많은 분포를 차지하지는 않는다.

그렇다면 과연 성적 무지와 편견은 어떻게 형성되는 것일까?

물론 개인마다 정도의 차이가 있겠지만 대체로 학교나 사회의 성 이데올로기와 개인의 성격, 가정의 분위기가 성에 대한 무지와 편견의 창고라고 할 수 있다. 무지와 편견은 일란성 쌍둥이와도 같다.

한 인간으로서 성적무지와 편견에 갇혀 있는 한 자신의 성적 주체성(남성, 혹은 여성)을 제대로 확립할 수 없다. 그것은 성적 매력이라는 관점에서 충분히 마이너스로 작용한다. 어쩌다 교통사고처럼 섹스 관계가 발생하더라도 일회성으로 끝나기 쉽다. 이른바 '섹스 왕따'가 되는 것이다.

'섹스 왕따'는 누구에게나 환영받지 못하는 성적 대상으로서의 낙제생이라 할 수 있다. 그것은 단순히 성적 기능을 이야기하는 것이 아니다. 대부분 그들은 다른 가치관이나 태도 등에서도 유연성과 활력이 부족할

뿐만 아니라 자기중심적인 경향이 강하다.

　섹스 왕따로 계속 나이를 먹으면 점점 자신감을 잃게 되어 우울증과 알코올 중독 혹은 '성직자 증후군(종교활동에 심취하면서 자신을 순결한 금욕주의자로 분장하는 증상)'에 걸리기도 한다.

　섹스는 진정한 인생을 알기 위해서라면 언젠가 한 번은 반드시 통과해야만 하는 관문이다. 그 관문을 통과하기 위한 첫 번째 과제가 바로 성적 무지와 편견에서 탈출하는 것이다.

　그런데 안타까운 사실은 주변을 보면 성에 대해 무지한 여성들끼리 친하다는 점이다. 물론 동지의식이 외로움을 마비시킬지는 몰라도 각자의 성적 발전을 위해서는 모두가 변화의 의지를 가질 필요가 있다. (섹스 왕따로 살고 싶지 않다면) 각 기관에서 주최하는 성교육 프로그램에도 참여하고 전문서적을 읽는 등의 성 관련 정보를 수집, 교환하는 노력을 통해 건강한 성 의식을 가질 때 인간으로서 성숙해지는 길에 다다르게 될 것이다.

7. 하버드 대학에서 '섹스잡지'가 나온 이유

2004년 6월 하버드대에서 'H Bomb(하버드 수소폭탄 터트리기)' 이라는 잡지를 발간하였다는 기사가 뉴스위크 지에 소개되었다. 많은 논란으로 언론의 주목을 받으면서 포르노 잡지의 의혹을 받았지만 대학의 승인과 보조금을 받아 창간호를 발행했다고 한다.

이미 많은 대학신문들이 진동자위기 같은 주제를 다룬 칼럼들을 싣고 있지만 세계 최고지성의 산실이라 불리는 하버드대의 변화는 '폭탄' 과도 같았던 것이다.

'H Bomb' 의 내용은 하버드생들의 성에 대한 이야기, 성애소설, 나체 사진, 안전한 피임법, 콘돔 사용법, 프러포즈하는 법 등을 소개하고 있다. 또한 'Hot Minds and brilliant bodies(열정적인 마음과 빛나는 육체)' 라는 칼럼을 통해 건강한 성생활을 하는 법이나 성 고민을 풀어주는 기사를 싣는다는 것이다. 그런가 하면 학교내의 성 심리학자를 초빙하여 학생들의 성을 분석하고 이를 학문적으로 해석해 기사화하기도 하였다.

만약에 서울대에서 이런 잡지를 창간하려고 한다면 어떤 장면이 벌어질까?

서울대 출신 교수님들과 교직원 모임에서 합동 비상대책회의가 열리고 창간주도 멤버들은 보수파들의 싸늘한 눈총과 압력을 받게 될지도 모르는 일이다. 그리고 그보다 더 확실한 것은 창간 준비하다 가족에게 알려지게 되면 그야말로 '폭탄' 맞는 꼴이 될 것이라는 사실이다.

"그따위 짓거리 하려면 학교고 뭐고 때려 쳐"라는 고함과 함께…….

우리의 교육이념은 홍익사상(弘益思想)이다. 말 그대로 널리 인간을 이롭게 하는 인간으로 길러내는 것이다. 그리고 그에 필요한 지성과 덕과 신체적 건강을 고루 갖추기 위한 훈련과정을 교육이라 할 수 있다. 하지만 과연 우리나라의 학교 교육과정은 그 본래의 목표에 충실하게 짜여져 있는가?

인간이 왜 배워야 하는지, 대학에 가는 이유가 뭔지, 또 무엇을 배울 것인지, 한 평생을 어떻게 무엇으로 살아가야 하는지 등등의 기본적인 질문에 대한 자기만의 답안지를 작성해야 하는 시기가 바로 대학생활이다. 성에 대한 문제는 우리가 평생을 통해 겪어야 하는 중요한 과제인 것이다. 따라서 **인간 관계의 시작이며 과정인 연애 관계에 종착지는 없다. 결혼은 연애의 결과가 될 수는 있어도 종점이 될 수는 없는 것이다.**

보통 남녀들은 연애를 통해 인간의 희노애락을 절실히 체험하게 된다. 그 과정에서 청춘은 성숙해지고 우리는 한 인격체로서 성장을 하는 것이다.

성은 연애의 핵심이다.

그런데 그동안 우리 사회에서 기성세대들은 성에 대해 어떤 가치관을 가지고 있었는가?

성은 생물학적인 성을 비롯해 사회학적인 성과 문화적인 성 등의 다양한 의미를 내포하고 있음에도 불구하고, 그것을 생물학적인 섹스에만 국한시키는 한편 자신들은 이중적인 태도를 취했다. 즉, 성은 곧 섹스요, 섹스는 곧 성이었던 것이다.

공공장소에서 성에 대한 이야기를 터부시하면서 사적인 장소에서는 억눌렸던 성욕을 미친 듯이 발산하는 '밤의 황제' 노릇을 하느라 몸살을 앓던 기성세대였지만, 자신들의 자녀들에게는 권위적이고 보수적인 태도로 성의 무지와 편견을 전수시키느라 바빴다.

하지만 역사가 흐르고 시대가 바뀌면서 저수지 둑이 무너진 것처럼 억압이 풀린 성은 급한 물살을 타고 홍수를 이루게 되었다. 이처럼 하버드대학에서 섹스 잡지가 나온 것은 단순한 뉴스거리가 아니라 우리 사회에 곧 불어닥칠 바람을 예고하는 것일 수 있다. 어차피 기성세대가 청춘들의 자유로운 성을 막을 수는 없다.

요즘 청춘남녀들의 성생활은 자유를 얻었지만 (비록 기성세대의 눈을 속이면서……) 유심히 관찰해보면 그들의 성 의식은 편견과 무지에 한 발을 담그고 있다는 느낌이 든다. 또한 매스컴, 비디오, 영화, 인터넷, 모바일에서 쏘아대는 성은 우리의 감각을 흥분시키고 건강한 성을 마비시켜 온갖 후유증을 낳고 있다. 이렇게 잘못 형성된 성 지식과 성 의식은 한 인간으로서 혹은 남성, 여성으로서 살아가는 데 치명적인 독이 되기도 한다. '사랑의 기쁨(?)'을 누리기에 앞서 반드시 배워야 할 부분이 바로 성에 대한 문제인 것이다.

하버드대학 당국이 섹스 잡지 창간에 보조금을 지원했다는 사실은 여러 가지로 시사하는 의미가 깊다고 여겨진다.

8. 섹스, 원초적 본능에서 '탄트라(tantra)'로 가는 길

　21세기를 살고 있는 현재에도 아직까지 연탄을 난방과 취사용으로 하는 사람이 있는가 하면 최첨단의 인텔리전트 시스템을 갖춘 빌라에서 사는 사람도 있다. 이처럼 삶의 스펙트럼은 넓고도 다양하다. 그것은 단순히 경제력의 차이만 의미하는 것이 아니라 개인의 가치관, 생활양식, 규범, 문화가 질적으로 다른 변화를 가졌다는 것을 포함하고 있다.

　우리 사회 안에서도 섹스에 대한 가치관, 욕망, 자아의식, 능력 등이 제각기 다르며 큰 편차를 보이고 있다. 그리고 사회 전반적으로 성 의식이 그 본질보다는 말초적 본능에 관한 쾌락의 장르와 테크닉에만 신경을 집중하는 성향이 강한 것도 사실이다. 날로 번창하는 섹스산업과 정력보신 식품사업이 그 실례라 하겠다.

그러나 아직도 섹스에 대한 부정적 편견으로 금욕생활 속에 청춘이 시들어가는 남녀가 있는가 하면 본능적 욕구에 갈증을 느끼며 근근히 해소해 가기도 하고 육체적 만족은 포기한 채 정신적 사랑에 최면이 걸려 있는 남녀도 있다. 꽤 많은 남녀들이 성 기능장애와 파트너와의 성적 갈등으로 고통받는 것이 이와 같은 현실의 한 단면을 반증한다고 할 수 있겠다.

다른 한편에서는 사랑이라는 감정과 결속된 섹스의 쾌락을 만끽하는 커플들도 있다. 그들 중에는 사랑의 동업자라는 일체감에 취한 나머지 쾌락을 위해 서로의 육체를 성적 도구화시키는 데 몰두하기도 한다. 그리고 어느새 사랑은 날아가고 정신은 황폐해져서 애욕의 전쟁을 치르고 패잔병처럼 변한 남녀도 보았다.

고대 인도의 성전(性典)인 〈카마수트라〉가 우리 사회에서 마치 섹스의 기술서적처럼 인식되고 있는 것은 한국인의 성 의식을 그대로 보여주는 하나의 단면이라 할 수 있다.

'카마' 라 불리는 인간의 쾌락행위는 고대 인도의 바라문 계급이 학습해야 할 교양이며 지혜였다. 그들에게 섹스의 쾌락은 신들의 사랑으로 찬미되었고 종교와 철학의 목표였던 것이다. 인도의 유적지에서 볼 수 있는 남녀의 성행위를 묘사한 예술품은 고대 인도인의 세계관이 스며들어 있는 것이다.

섹스를 사랑의 도구라든가 동물적인 쾌락으로만 인식한다면 우리의 의식과 삶은 늘 제자리를 맴돌 수밖에 없다.

섹스는 본래 자연적이고 영적인 생명 에너지의 원천이다. 그것을 어떻게 인식하느냐는 각 시대와 국가에 따라 문화적 차이가 컸던 것이다.

탄트라는 산스크리트 어로 지식을 넓힌다는 뜻을 가지고 있으며, 8세기 이후 인도의 밀교 경전을 지칭하면서 알려진 깨달음을 위한 수행체계이다. 탄트라(tantra)는 섹스를 쾌락의 수단으로만 인식하던 서구인들에게 센세이션을 일으켰던 수행방식으로 인간중심의 세계관과 과학적 방법론에 익숙한 그들에게 우주와 자아, 생명과 자연 속의 인간존재라는 사유로 의식의 확장을 가져왔다.

탄트라는 고행이나 금욕을 통해 자연을 억제하거나 육체를 약화시키고 정신적인 긴장과 갈등을 야기시키는 일은 생명의 건강한 성숙을 방해한다고 생각한다. 모든 자연의 충동은 본질적으로 동일한 신성(神性)으로부터 솟아오른 진화의 창조적 에너지라고 파악하기 때문이다. 따라서 정신과 육체를 일체화시킴으로써 모든 힘을 집중시키고 발휘할 수 있게 하며, 생명이 직감적으로 수용하는 감각에 기초를 두고 모든 자연적 본능의 충족을 긍정하고 있다.

또한 탄트라는 우주의 본질과 합일을 이루어 자아의 내면에서 진리를 깨달으려는 태도이며 정신적인 힘을 표출하는 방법이다. 탄트라에서의 섹스는 우주의 에너지인 생명력의 근원으로 합일하는 신성한 종교의례였던 것이다. 그것은 자유분방하고 무책임한 섹스와는 확연히 다른 것이다. 그런데 일부 사람들은 탄트라를 쾌락을 위한 방편으로 행하여 비난의 대상이 되기도 하였다. 생명수도 뱀이 먹으면 독이 되는 것과 같이 탄트라도 오용하면 역효과로 자아가 파괴되는 것이다.

우리 삶의 한 복판에 있는 섹스는 일상적이면서도 일탈적인 양면성을 갖고 있다. 그 일탈의 경험 안에서 초월적 의식을 갖는 것이 섹스의 영성을 회복하는 동시에 탄트라로 나아가는 것이다.

"남녀가 성행위 속에서 하나가 될 때 그들은 사물의 가장 깊은 내면의 본질과 함께 조화롭게 존재할 수 있다……. 열정속에서 의식적으로 행한다면 열정은 기도가 되고 완전히 다른 특성을 갖게 된다. 우리는 그것을 '탄트라'라고 부른다."

〈탄트라〉, 오쇼 라즈니쉬

어떤 이들은 섹스를 명상이라고 표현한다. 명상은 지친 몸과 마음의 휴식이고 온갖 감정의 쓰레기를 버리는 행위이며 자신의 내면을 들여다보는 일이다. 몸과 마음을 편안히 하는 가운데 의식이 깨어 있는 그것이 바로 명상의 섹스인 것이다.

탄트라는 완전한 사랑, 완전한 섹스의 최고 정점이라 할 수 있다. 누구나 꿈꿀 수는 있어도 도달하기는 쉽지 않다. 두 남녀의 의식이 활짝 열리고 마음이 합쳐지고 에너지가 상호 교환하는 가운데 우주 속에서 정신과 육체가 일체를 이루는 것이다. 따라서 그 경지를 체험하는 경우는 드물지만 탄트라를 지향하는 한 우리의 섹스는 한 차원 높은 곳으로 고양되고 건강한 생명력을 가질 것이다.

9. 섹스와 음식의 공통점

성욕과 식욕은 인간의 기본욕구로 대뇌의 시상하부(視床下部)에서 호르몬 분비로 컨트롤되고 있다. 그리고 성욕과 식욕을 최종적으로 지배하는 전두엽은 9살이 되면 배선의 기본형이 만들어진다. 그때부터 사고력, 판단력이 형성되고, 타인과의 유대관계 등을 알게 되는 것이다. 이 시기의 체험이 성장에 커다란 영향을 미치게 된다.

〈성뇌학〉, 오오시마 키요시

잘 씹고 유쾌한 대화를 나누면서 음식을 먹는 식사습관은 중요한 의미를 담고 있다. 잘 씹어 먹는 것은 대뇌를 자극하며, 이는 뇌의 발달과 관계가 있다고 한다. 때문에 인스턴트나 패스트푸드 식품이 뇌를 노화시킨다는 것이다. 잘 씹기 위해서는 이빨이 튼튼해야만 한다. 정력강화의 방법으로 아침마다 33번씩 윗니와 아랫니를 딱딱 부딪치면 좋다는 민간요법 또한 그와 같은 사실을 근거로 하고 있다.

한편 누구와 같이 식사 약속을 하는 것은 그와 커뮤니케이션을 하겠다는 뜻을 갖고 있다. 또한 식당에서 마주 앉아 식사하는 남녀의 분위기를 보고 그들의 관계를 쉽게 알아챌 수 있다.

주로 혼자서 식사하는 사람들은 대인 기피증의 경향을 보이기도 한다. 그에게 있어 낯선 사람과의 식사는 거의 공포에 가깝다. 길도 뒷길로 다니고 5명 이상의 모임은 되도록 피하고……. 그러다 보니 온전한 사회생활을 하기는 물 건너간 셈이다.

반면에 혼자서 식사하는 것을 몹시 힘들어하는 사람도 있다. 예전에 근무한 방송국에 그런 남자가 있었다. 나는 5년 동안 그가 단 한 번도 혼자서 점심 먹는 것을 보지 못했다. 개천에서 용이 되기를 꿈꾸었던 그는 콤플렉스를 위장하기 위해 끊임없이 밥을 사면서 사람들 사이에 끼어 앉을 수 있었던 것이라 생각한다.

인간의 욕구는 충족되지 않으면 그 욕구 자체가 상처를 입게 되는데 우리가 소위 한(恨)이라고 표현하는 것이 바로 그것이다. 욕구가 충분히 만족되었을 때 그 한은 저절로 풀리게 된다.

한편 식욕중추와 성욕중추는 1.5mm밖에 떨어져 있지 않다고 한다.

그래서인지 섹스를 좋아하는 남자들은 대개 먹는 것을 즐기고 미식가인 경우가 많다.

섹스와 음식의 공통점은 상당히 많지만 10가지 정도만 간추리면 다음과 같다.

(1) 음식을 안 먹으면 죽음에 이르고, 섹스를 안 하면 생식기가 '죽는다(?)'

음식은 생명을 유지시키고 섹스는 생명 에너지를 충전시키기 때문이다. 물론 금욕생활이 목숨을 빼앗지는 않지만 생식기의 활동이 쇠퇴하는 것은 사실이다. 독신이 기혼자들에 비해 성 기능도 떨어지고 수명도 짧다는 연구결과가 매스컴에 보도된 적이 있다. 그런 점에서 성인용품은 성인남녀에게는 필요한 제품인 것이다.

(2) 마음에 드는 상대와 음식을 먹으면 식사가 즐겁고, 마음이 맞는 상대와 섹스를 하면 심신이 즐겁다.

같이 밥을 먹은 횟수를 생각하면 누구와 얼마나 친한지에 대한 답이 나온다 해도 과언이 아니다. 옛말에 식성이 비슷한 사람끼리 잘산다는 말이 있다. 어떤 음식을 좋아하느냐를 보면 그 사람의 성격, 성장배경, 가치관 등을 알 수 있다. 그런가 하면 식성이 비슷한 사람끼리 잘 몰려다니기도 한다.

섹스 또한 음식을 고르듯 각자의 '식성(?)'을 찾아 상대를 선택하기 때문에 섹스는 누구와도 할 수 있는 행위이지만 아무나와 하기가 쉽지 않은 것이다.

(3) 한 끼 때우려고 먹는 음식은 맛을 느끼기 어렵고 욕구만족을 위한 섹스는 필(feel)을 갖기 어렵다.

나는 개인적으로 식당에 갈 때, 바쁜 시간대를 피해서 다니는 편이다. 특히 맛있다고 소문난 집은 더욱 그렇다. 맛을 느끼면서 먹을 상황이 안 되기 때문이다. 가끔 연애를 하는 여자후배에게서 그런 질문을 받는다. 자기는 하고 싶지 않은데 남자가 원할 때는 어떡해야 하느냐고. (계속 거절하면 한눈 팔까 걱정된다는 말을 덧붙여)

나의 대답은 간단하다.

"네가 하고 싶지 않은 것을 강요한다면 그것은 사랑이 아니라 성욕이다. 그리고 그것을 이유로 한눈을 팔 정도면 한 시라도 빨리 헤어져라!"

서로의 감정을 이해하지 못하고, 느낌을 나눌 수 없는 섹스는 사랑이 아니라 노동일 뿐이다. (노동은 기쁨이라도 있지)

(4) 요리사에 따라 음식맛이 다른 것처럼 섹스도 상대에 따라 만족도가 다르다.

음식은 재료의 선택, 다듬기, 썰기, 재료 넣는 순서, 양념의 배합, 화력의 조절, 조리시간 등을 어떻게 하느냐에 따라 맛의 차이가 천차만별이다. 그래서 우리는 주방에서 칼을 쥐고 도마질을 하는 것만 봐도 그의 음식솜씨를 대충 가늠할 수 있다. 섹스는 마라톤이나 윈드서핑처럼 혼자 개인기를 펼치는 경기가 아니다. 게다가 개인마다 신체적 디자인과 생식기의 구조, 캐릭터, 성적 가치관 등이 다르기 때문에 느낌과 만족도가 다를 수밖에 없다. 그러므로 늘 상대와 호흡을 맞춰야 함께 만족을 할 수 있는 것이다.

(5) 음식과 섹스에 대한 만족도는 장소와 분위기에 따라 차이가 난다.

유명 맛집에 대한 정보를 보면 맛, 청결도, 분위기, 서비스에 대한 평점이 나와 있다. 그 평점에 따라 개인마다 만족도가 달라지는 것이다. 연애관계가 권태기로 접어들거나 위기를 맞았을 때, 로맨틱한 장소를 찾아 색다른 분위기를 연출하는 센스와 정성은 관계 개선에 분명한 효과가 있다.

(6) 즐거운 마음으로 하는 식사가 소화가 잘 되듯 섹스 또한 마찬가지이다.

일반적으로 기분이 나쁠 때 식사를 하면 체하기 쉽다. 그리고 음식을 만들어도 간이 안 맞거나 맛이 없는 것을 경험한다. 내가 생각하기에 그것은 기(氣)의 흐름과 관련이 있는 것 같다. 기분이 나쁘면 탁한 기를 뿜기 때문에 소화장애도 생기고 음식에도 그 파장이 미치는 것이 아닐까?

섹스도 '하고 싶을 때' 기분 좋게 하면 막힌 기(氣)도 뚫리고 활력을 얻는다.

(7) 테이블 매너가 중요한 것처럼 침실 매너도 중요하다.
식사를 할 때 우리는 상대에 따라 태도가 조금은 달라진다. 은사나 웃어른 앞에서는 조심스런 자세를 취하고 가까운 친구 사이에는 편안하고 자연스런 자세를 취하게 된다.

테이블 매너보다 더 중요한 것이 바로 침실 매너다. 상대의 식사예절이 미숙하거나 무례한 경우에는 기분이 나쁘기는 해도 상처를 받지는 않는다. 그러나 침실 매너가 없는 경우에는 상대의 감정을 휘젓기 쉽다. 특히 여성은 실망감, 자책감, 불안 등을 느낄 수 있으므로 남성의 배려가 필요하다.

(8) 음식도 과식하면 탈이 나듯 과다한 섹스는 심신을 지치게 한다.
남자들 중에는 섹스의 횟수나 시간을 가지고 자신의 존재가치를 과시하는 사람들이 꽤 있다. (이런 남자가 섹스에 문제가 생기면 죽고 싶은 마음이 드는 것이다) 그러나 남성이 정(精)을 지나치게 배출하면 건강을 잃기 쉽고 수명이 단축되며, 여성은 피부노화로 빨리 늙는다는 학설이 제기되기도 했다. 일본의 뇌 생리학자인 이시자키 마사히로는 대뇌변연계('동물의 뇌'라고 불린다)의 기능이 대뇌에 미치는 영향을 많이 받은 여성은 정신적인 균형을 잃기 쉽다고 주장한 바 있다. 말하자면 과도한 섹스가 정서장애를 유발하는 경우도 많다는 것이다.

(9) 음식에 무관심한 남녀는 섹스에 대해서도 관심이 없다.

가끔 친구들과 너무 맛있는 음식을 먹을 때면 우리는 우스개 소리로 오르가슴을 느낀다는 표현을 하며 깔깔거린다. 그럴 때면 디저트로 섹스를 화제로 삼아 손뼉을 치며 배꼽을 쥐고 웃으며 스트레스를 날려보내기도 한다.

내 주변의 남녀들을 유심히 살펴보면 음식에 관심이 없고 요리솜씨가 없는 이들은 대체로 섹스에 대한 이야기를 꺼리거나 시큰둥한 태도로 반응하는 것 같다.

음식은 오감과 창의력의 산물이라고 할 수 있다. 단맛을 내는 데도 설탕과 엿당, 꿀, 양파, 파 등 여러 가지가 있어 적절히 선택해서 써야 하는 것이다. 음식의 맛이 예민한 감각을 필요로 하는 것처럼 섹스도 감각을 훈련시키지 않으면 둔감할 수밖에 없다.

(10) 나쁜 음식은 몸을 병들게 하고 섹스트러블은 심신을 병들게 한다.

요즘 웰빙 바람이 불면서 건강식에 대한 관심이 높아졌다. 인스턴트나 패스트푸드를 피하고 유기농 제품과 채식, 생식 등으로 식생활을 바꾸는 추세이다.
　섹스트러블은 대개 심리적 요인과 관계가 있기 때문에 정신적 갈등과 성적 장애를 같이 겪기 마련이다. 음식을 조절해서 건강을 유지하듯 섹스트러블은 전문가의 도움을 받아 해결하는 것이 최선책이다.

10. 섹스가 정신적, 신체적 건강에 미치는 영향

최근 건강에 대한 관심이 높아지면서 섹스와 건강에 관한 기사들이 자주 눈에 띈다.

얼마 전 스포츠 신문에 '섹스가 몸에 좋은 이유 6가지' 라는 기사가 대중의 시선을 끌었었다. 그 6가지는 노화방지, 스트레스 완화, 통증 완화, 전립선암 예방, 상처 치유, 심장건강 증진이었다.

노화방지는 라마르크의 '용불용설(사용하지 않으면 퇴화된다)' 과 관련된 것이다.

스트레스 완화는 오르가슴이 심신을 안정시키고 수면을 돕는 효과가 있기 때문이다.

통증 완화는 오르가슴 때 분비되는 자궁수축호르몬과 엔돌핀이 진정제 역할을 한다는 것이다.

전립선암 예방은 사정(射精)이 전립선암 위험을 떨어뜨리는 효과가 있다는 미 의학협회의 연구 결과가 발표된 바 있다.

상처 치유는 일부 실험 결과, 섹스가 고질적 상처를 낫게 하는 효과가 있다는 것이 입증되었다고 한다.

또한 심장건강 증진은 정액이 혈압저하에 효과가 있다고 한다.

이외에도 섹스가 심신의 건강에 도움이 된다는 발표가 계속되는 추세이다.

일반적으로 인간의 수명은 노화와 관련이 있다는 것이 학계의 정설이다.

노화는 대개 혈관의 노화를 말한다. 따라서 혈관의 노화를 막으려 노력하면 전신의 노화도 어느 정도 방지할 수 있다는 것이다. 뇌도 혈액의 흐름이 막히면 노화한다.

뇌의 노화가 영양이나 자극과 관련이 있다고 하면 쾌감은 긍정적인 자극으로 노화방지의 효과가 있는 것이다.

인간이 쾌감을 느낄 수 있는 것은 뇌 속에 있는 도파민과 엔돌핀이라는 호르몬이 분비되기 때문이라고 한다. 우리가 경치 좋은 곳에 가거나 맛있는 음식을 먹을 때 그리고 스포츠를 즐기거나 맘에 드는 예술공연을 감상할 때 기분이 좋아지고 생기 있게 표정이 빛나는 것이 바로 그 이유이다. 그 순간 통증과 스트레스를 잊고 정신적인 쾌감을 얻는 동시에 뇌의 신경을 단련시킨다고 한다.

섹스를 통한 쾌감도 이와 같다고 볼 수 있다.

중국의 도가(道家)에서는 오르가슴이 일어날 때 기혈(氣血)이 충만해지고 정기(精氣)가 내장으로 들어가 정신이 왕성해진다고 본다. 막힌 기를 뚫어야 기가 소통되는 것이다. 그래서 음양(陰陽)의 기운이 합쳐지는 것을 중요시하여 심신의 기 소통이 바른 기운을 가져야 한다고 강조하였다.

섹스는 여성호르몬인 에스트로겐의 분비를 활발하게 하여 혈액순환을 좋게 한다. 때문에 피부의 탄력과 윤기를 주는 것이다. 또한 골밀도를 높여 골다공증도 예방되고 콜레스트롤 수치를 낮춰 심장병 위험도 감소시킨다고 한다.

요즘 웰빙 바람을 타고 유행하는 경락 마사지나 발 마사지가 바로 그 원리를 이용해 기를 순환시키고 뭉친 기를 풀어 주는 것이다.

한편 섹스문제로 고민이나 갈등을 느끼면 정신적으로나 신체적으로 스트레스를 받게 된다. 심한 경우에는 스트레스성 호르몬이 분비되어 인체의 면역력과 순환기능을 떨어뜨리고 뇌의 기능을 약화시킨다고 한다.

금욕생활을 오래 하면 여성뿐 아니라 남성 또한 성 기능 및 성격의 변화가 나타나 주의력이 산만해지고 불안과 분노를 잘 느끼며 공격적이 된다는 사실은 널리 알려져 있다.

특히 여성들에게 일어나기 쉬운 우울증은 골밀도, 심장, 뇌 등에 직접적인 영향을 미치는 것이다. 심장의 경우, 갑상선 호르몬의 분비가 저하되어 매사에 의욕을 상실하고 자궁이나 질 기능의 쇠퇴를 가져오기도 한다.

반면 일본의 뇌 생리학자인 이시자키 마사히로는 지나친 섹스가 뇌를 파괴하고 정신활동을 방해하면서 동물적인 뇌의 기능만 강화한다고 주장한다. 이른바 '짐승' 같은 인간이 된다는 것이다.

현재 우리나라 성인 남녀의 5% 이상이 섹스중독증 환자라고 하는데 증세가 심한 경우에는 사회생활조차 할 수 없게 된다.

중국의 〈황제내경〉에서는 신장(腎腸)은 오장의 근원이며, 항상 정기를 유지해야 한다고 말한다. 이는 지나친 섹스가 신장을 상하게 한다는 사실에 근거한 것이다. 뿐만 아니라 자칫하면 수명을 단축하는 요인이 되기도 한다.

중요한 것은 성인이 되기 전에 포르노 비디오 등 섹스에 대한 정보에 과도하게 노출되거나 지나친 섹스 행위는 지적 영역의 두뇌활동에 악영향을 준다는 사실이다.

섹스가 정신적·신체적 건강에 미치는 영향은 분명하지만 개인의 타고난 성격과 기질, 생활방식과 습관에 따라 그 차이가 클 수밖에 없다. 주변에서도 금욕생활로 성격이 꼬이고 스트레스를 많이 받는 남녀가 있는가 하면 (주로 잡기나 알코올로 해소) 운동과 규칙적인 습관, 식생활에 신경을 쓰면서 건강을 유지하려고 노력하는 사람도 있다. 자신의 성 에너지를 어떻게 조절하고 사용하느냐와 섹스에 대한 가치관의 문제는 건강과 깊은 관련을 맺는다.

11. 첫 섹스를 하기 전 콘돔을 요구하는 것은 성적 권리이다

2004년 7월에 발표된 갤럽조사에 의하면 우리나라 성인남녀의 피임상식과 이해도 수준이 매우 낮은 것으로 나타났다. 피임상식 점수 100점 만점에 서울을 비롯한 5대 도시의 만 20~45세 성인남녀의 평균이 40.7점을 기록했고, 3~40대에 비해 20대가 상대적으로 낮은 관심도와 이해도를 보였다.

피임에 대해서는 대부분 잘못 알고 있는 경우가 많았으며, 응답자의 29.3%는 임신을 하게 되면 출산보다는 낙태를 하겠다고 답했다.

한편 여성포털 사이트 '젝시인러브 www.xyinlove.co.kr'가 실시한 여성 네티즌 천2백 명을 대상으로 한 설문 조사에 따르면 데이트 후 첫 섹스까지는 평균 11개월이 걸린다고 한다.

또한 성관계시 피임을 전혀 안 한다는 대답이 27%이며, 낙태경험이 있는 여성이 33%나 된다는 것이다. (몇 년 전 뉴스위크 지에서 한국의 낙태 건수가 세계적이라는 기사가 보도된 적이 있다)

그런가 하면 여성지 '싱글즈'가 전국의 싱글 중(25~32세) 9백 명을 대상으로 한 첫 섹스까지 걸리는 시간에 대한 조사 결과, 7개월 이내가 55%, 3개월 이내가 39.8%로 나타났다.

이와 같은 통계들을 통해 현재 대한민국 여성의 성 의식을 단적으로 말한다면 '무식한 가운데 즐기는 용감한 삼류'라고 표현할 수 있다.

즉, 자신의 몸을 쾌락의 도구로밖에 여기지 않는 것이다.

나는 개인적으로 결혼하지 않은 성인 여성의 금욕을 주장할 생각은 전혀 없다. 그러나 아름다운(?) 사랑 만들기보다 더 우선하는 것은 여성으로서 자신의 몸을 소중히 하는 태도라고 본다. 내가 내 몸을 귀하게 여길 때 상대방도 나의 몸을 아껴 주는 것이다. 더구나 여성의 몸은 생명을 탄생시키는 근원지이며 모태라는 사실을 잠깐이라도 떠올린다면 그렇게 무지막지하게 행동할 수는 없는 것이다.

피임은 성적 주체인 여성으로서의 책임인 동시에 권리이다.

피임법은 여러 가지가 있지만 현실적으로 가장 보편적이고 비교적 안전한 것이 바로 콘돔의 사용이며, 콘돔의 사용법은 성인남녀가 갖춰야 할 상식에 속한다.

  그 어떤 경험이건 간에 첫 번째 경험만큼 가장 가슴 설레고 흥분되며 오랫동안 기억에 남는 것은 없을 것이다. 그 중에서도 누군가와의 첫 섹스만큼 마음을 흔드는 것은 흔치 않다. 특히 여성에게는 그 경험이 더욱 엄청난 의미를 갖기도 한다. 그 한 번이 원치 않는 임신과 결혼으로 이어져 불행의 늪에 빠진 여성들이 있는가 하면 성병에 걸려 불임이 되기도 하고 불감증이나 섹스공포증에 이르는 등, 그 사례는 실로 다양하고 놀라울 뿐이다.

  우리 사회의 통념상 남성과의 첫 섹스에서 여성이 먼저 콘돔을 사용하자는 말을 꺼내기란 쉽지 않은 일이다. 대부분의 남성들이 콘돔 사용을 꺼리기도 하지만, 여성이 먼저 콘돔 운운하면 마치 경험이 많은 것으로 오해할까 봐 두려운 것이 여성의 심리이기도 하다. 그러나 이제라도 그런 남녀 차별적이고 불평등한 의식에서 벗어나지 못한다면 섹스 할 자격이 없다. 그리고 처음부터 그런 불평등한 관계의 설정은 자신이나 상대에게 오히려 마이너스로 작용할 것이다. 일방적으로 양보하고 요구하는 관계 속에서는 둘이 함께 하는 행복감을 느낄 수는 없기 때문이다.

  첫 섹스에서 콘돔 사용은 서로에 대한 기본 매너이다. 그리고 여성의 입장에서는 성적 권리이기 때문에 남성에게 자연스럽게 요구할 수 있어야 한다. 그러한 여성의 권리를 존중하지 않는 남성에게는 그 자리에서 조용히 '안녕!'을 고하고 등을 돌려 나와야 한다. 그것이 나의 성적 책임감과 자아감을 갖는 행위이다. 안전한 섹스가 아름다운 사랑을 키우고 건강한 삶의 기본 매뉴얼이라는 사실을 늘 인식해야만 한다.

  성의 자유는 성욕의 해방이 아니라 성의 편견과 억압으로부터 해방되는 것을 의미한다. 그리고 남녀 모두 성적 존재로서 자유를 누릴 때 성의 자유가 시작되는 것이다. 성의 자유가 보장되지 않는 사랑은 절름발이 사랑일 뿐이다. 어느 한 쪽은 늘 심리적으로 위축되어 있고 자신을 숨죽이는 데 익숙해지게 되면 사랑의 기쁨 대신 굴레만 남게 된다. 우리는 과연 어떤 선택을 할 것인가?

12. 섹스는 사랑의 신용카드가 아니다

"산은 산이고 물은 물이고 섹스는 섹스다!"

언젠가 청춘남녀 몇몇이 저녁모임을 가졌는데 이야기 중에 연애의 고수로 이름난 L씨가 법문처럼 터트린 말이다.

타인의 시선에 유난히 민감한 우리나라 사람들은 남이 이야기하는 성적 농담은 무지 좋아하면서도 자신이 드러내놓고 하기는 꺼리는 편이다. 그래서 연애의 키워드인 섹스에 대해서도 '사랑'이라는 이름을 덧붙이는 것이다.

그래서 섹스는 종종 남자는 사랑을 확인하고 싶다는 우회적 표현으로, 여자는 사랑을 보여주는 마음의 표시로 사용되기도 한다. 바로 그런 이유로 남녀가 착각을 하는 경우가 종종 생긴다. 남자는 여자가 자신을 사랑하기 때문에 섹스를 허용했다고 생각하는 한편 여자는 남자가 자신을 사랑하기 때문에 섹스를 원하는 것이라고 믿고 싶은 것이다.

내가 '남자' 라는 동물(?)을 수십 년간 관찰한 바에 의하면 남자가 섹스를 원하는 이유는 여자보다 훨씬 다양하고 수컷의 본능에 충실하다는 사실이다. 반면에 여자는 섹스를 하는 이유가 제한적이고 사회적이다. 일단 사랑의 감정이 충전되어야 하고, 그 사랑이 현실적인 목표를 향해 있기 때문이다. 결혼이라는 둥지를 만들고 안정적인 삶 속에서 사랑을 유지하고 싶은 욕구가 성적 욕망을 억누르는 것이다.

가끔 독신들의 모임에 가 보면 솔직히 머리에서 '쥐' 가 날 때가 종종 있다. 일반인들이 생각하기에 독신은 성적으로 자유분방할 것이라 여기지만 현실은 그 반대이다. 20대 후반에서 30대 중반인 남녀들의 섹스관은 아직도 전근대성을 못 버리고 있다. 남자들은 여자의 가치를 나이와 외모에 중점을 두고 있고, 여자는 남자의 경제력과 결혼조건에 불을 밝히고 있는 것이다. 그런가 하면 상처받기 싫어서 사랑이 두렵다는 미숙아 같은 생각을 하는 남녀도 있다.

그리고 많은 여자들이 사랑을 확인하기 전까지는 섹스를 할 수 없고 섹스는 결혼의 가능성 안에서만 이루어질 수 있다는 태도를 취하기도 한다. 그야말로 '사랑' 의 조건이 충분해야 (엄밀히 따지면 결혼 가능성이 있어야) '섹스' 라는 신용카드를 발급하는 셈이다. 그런데 문제는 현실적으로 그 카드를 발급해 줄 남자가 거의 없다는 사실이다. (게다가 우량고객인줄 알았다가 불량고객으로 확인되어 사랑에 속고 돈에 울고 병원 신세지는 최악의 경우도 생긴다)

그래서 늘 사랑을 갈구하는 한편 '여우의 신포도' 처럼 남자는 필요 없고 여자끼리 만나 편하게 먹고 잘 지내자는 퇴행적 방식을 택하기도 한다.

나는 진심으로 그녀들의 앞날이 걱정되었다. 그렇게 나이를 먹고 자신의 몸값(?)은 추락하는데도 신용카드 발급조건만 늘려가다 인생이 찌그러진 냄비같이 된 중년여자들이 내 주변에도 가끔씩 눈에 띄기 때문이다.

물론 남녀 모두 아무나 '작업(?)' 해서 자유분방한 성생활을 하라는 뜻은 아니다. 아침에 집을 나서면서 '오늘 저녁 8시에 홍대 앞에서 누구를 만나 섹스를 해야지' 라는 생각을 하는 남녀는 없을 것이다. 그것은 애인과의 관계에서도 마찬가지이다. 저녁 약속을 할 수는 있어도 섹스 약속을 하기는 어렵다. (남자가 그런 마음을 품어도 상대에게 물어 보기는 힘들다) 그리고 저녁식사 후 분위기가 무르익어 남자가 섹스를 원한다는 사인을 보낸다 해도 무조건 오케이를 받아내기도 어려운 것이 현실이다.

사랑하지 않으면 섹스할 수 없다는 인식은 개인의 자유의지지만, 사랑 혹은 섹스의 본질과는 별개라고 생각한다.

정신적인 사랑에 만족한다면서 섹스 관계가 없는 부부의 얼굴에 그림

자가 끼는 것은 무엇 때문일까? 완전한 사랑은 완전히 연소되어 빛과 열을 내는 법이다. 그것이 기쁨이고 사랑의 힘이다. 그것은 우리가 힘겹게 살아가는 인생이라는 필드에서 에너지를 주고 활력을 주며 행복을 느끼게 해 준다.

섹스는 사랑의 신용카드가 아니다. 섹스가 조건이나 도구, 수단으로 전락할 때 섹스로부터 얻을 수 있는 것은 자기소외와 허탈감뿐이다. 나는 사랑과 섹스와 결혼이라는 세 마리 토끼를 한꺼번에 잡으려는 여자들에게 이렇게 충고한다.

"사랑하는 남자를 잡고 싶다면 사랑과 섹스에 대해 쿨(cool)한 사고를 가지고, 결혼에 대한 집착을 버려라!"

여자가 남자에게 호감을 느끼고 데이트 횟수가 많아지면서 결혼에 대한 욕망을 비치면 남자는 부담을 갖게 되고, 결혼에 대한 준비가 안 된 남자는 슬슬 도망갈 궁리를 하기 마련이다. 현명한 여자는 물때를 알고 미끼를 던지는 시점을 정확히 캐치하지만 멍청한 여자는 시도 때도 없이 낚싯밥만 던지다 기운을 빼는 것이다.

29세의 K녀는 어느 중소기업의 비서로 근무하고 있었다. 용모단정하고 상냥한 태도로 상사와 동료들에게 1등 신부감 소리를 들었다. 그런 그녀도 '세 마리 토끼'의 포수였다.

언젠가부터 그녀가 사내연애를 한다는 소문이 돌았다. 상대는 10년 연상의 노총각이었고, 두 달 후 그들은 결혼에 골인했다. (그들의 교제기간은 불과 두 달이었다!)

나중에 들은 이야기로는 우연히 갖게 된 섹스로 그녀가 먼저 청혼을 했다는 것이다. 그 남자가 경제력이 있을 것이라 생각한 그녀는 친절한 남자의 매너에 마음을 뺏겼다고 한다. 그 후 단칸방에서 시작한 신혼재미는 잠깐이었고 결혼 전 남편의 빚 갚기와 병간호에 허덕이게 되었다. 3년 후 그녀는 이혼녀가 되었고 지금은 새 직장을 찾기 위해 뛰어다니고 있다.

13. 첫 섹스 후 돌변하는 남녀의 심리는 무엇 때문일까?

    우리가 살아가면서 갖는 경험 중 무엇이든지 첫 번째는 특별한 의미를 갖기 마련이다. 그 중에서도 생애 첫 섹스라든가 연인이나 부부간의 첫 섹스는 '가슴속의 불도장'처럼 각인된다고 할 수 있다. 예전의 성 암흑시대(1980년도 이전)에는 남녀간의 첫 섹스가 결혼식장행 티켓과도 같았다. (그래도 암암리에 청춘남녀들은 할 일 다하고 살긴 했지만……) 첫 섹스라는 것의 의미가 당연히 엄청날 수밖에 없었던 것이다. 우리 세대의 많은 여자들은 신혼여행에서 첫 섹스를 치르기도 하였다.

    그런데 세월이 지나 사회도 변화를 겪으면서 요즘은 청춘남녀의 연애에 성생활이 자연스럽게 포함되고 있는 것이 현실이다. 오히려 신혼여행에서 '첫날'을 보내는 커플이 얼마나 될지를 따지는 편이 더 쉬울 정도이다.

그런데 그 첫 섹스가 문제가 되는 경우가 종종 있다는 이야기를 듣는다. 사실 남자와 여자가 함께 첫 섹스를 하기까지는 차도 마시고 식사도 하고 영화도 보는 등의 기본적인 '품(?)'이 들기 마련이다. 즉, 그렇게 조금씩 분위기가 무르익어야 기회를 갖게 되는 것이다. (시간단축은 남자 하기 나름이지만)

여자들 중에는 데이트일지를 적는 사람도 꽤 있다. 그런데 그렇게 공을 들인 '그 날' 도대체 무슨 일이 있었기에 그 날 이후 태도가 돌변하는 것일까?

첫째, 그녀들은 남녀의 성 심리나 생식기의 구조, 반응에 대해 거의 무지한 상태였다. (이는 권총의 구조와 총알에 대해 모른 채로 총을 쏘는 것과 같다)

둘째, 섹스의 경험이 거의 없거나 그 중요성을 간과한 채 남자는 단지 성욕을, 여자는 애정의 확인을 위해 필요한 절차로만 인식하는 정도였다.

셋째, 여성으로서의 성적 욕구와 표현이 억압된 상태에서 섹스와 사랑을 동일시하는 경향이 있다.

넷째, 섹스 관계 도중에 엉뚱한 화제를 꺼내 상대의 달구어진 욕망을 급속 냉각시키는 센스 2% 부족이었다. (어떤 여자는 선거 때 정치후보에 대해 묻기도 했단다)

내가 '관계자(?)'가 아니기 때문에 상대의 속마음을 알 수는 없었지만 막연히 짐작이 되기는 했다. 그리고 언젠가 연애학의 고수(남자)들과 모인 자리에서 진지하게 물어 본 적이 있었다. 한 번 '하고' '팽' 하는 이유가 어디에 있는가? 그들의 이야기를 정리하면 대충 이렇다.

첫째, 접속을 하고 난 후 만족을 못 느껴서 보람이 없는 상대와는 관계를 맺기 싫다는 것이다. 이른바 '모과형'의 여자이다. 관계자들 이야기로는 성격도 안 좋은 여자가 태도도 불손하고 매너가 없다고 한다.

둘째, 여자의 태도가 너무 경직되어 있거나 무반응인 경우에는 열정도 식고 힘만 든다는 것이다. '엑스레이형(가슴과 등을 번갈아 촬영하듯 하는 타입)'이라 할 수 있다.

셋째, 첫 관계를 갖고 난 후 여자가 갑자기 지나치게 친밀감을 표현하면 부담스러워진다는 것이다. 일명 '불독형'이다. (한 번 물리면 끝이다)

넷째, 여자의 성적 능력에 주눅이 들면 자신감이 없어진다고 한다. 일명 '용광로형'이다. (변강쇠가 못되는 것을 한탄하며……)

그런가 하면 여자들이 첫 섹스 후 관계를 회피하는 경우에도 당연한 이유가 있다.

첫째, 여자는 섹스 자체보다 분위기와 대화, 상대의 따뜻한 배려 등 정서적 태도에 따라 성욕이 발동되기 때문에 준비가 되기 전에 돌진하는 스타일에는 실망할 수밖에 없다. '단독 드리볼형(농구시합인 줄 아는 타입'이라 할 수 있다.

　둘째, 권위적이고 보수적인 태도로 접속을 하고 난 다음, 돌변한 말씨와 행동으로 그녀의 '주인(?)' 행세를 하는 경우로 이른바 '입주자형'이다. 그런가 하면 품질불량인 남자는 제 입으로 동네방네 소문까지 내고 돌아다닌다.

　터프걸로 소문난 내가 아는 여자후배가 그런 일을 겪은 적이 있었다. 나도 그녀의 남자를 알고 있었다. 두 청춘남녀가 한참 어울려 다녔는데 언젠가 남자가 그녀와 잤다고 소문을 내고 다니는 것이었다.

　그 사실을 알게 된 그녀의 반응은 의외로 차가웠고, 주변에서는 그녀가 보인 뜻밖의 태도에 의아해 했다. 그리고 얼마 후, 그 남자는 새파랗게 질린 얼굴로 자신의 이야기가 사실이 아니라고 해명하고 다니더니 그 뒤로 자취를 감추었다.

　나중에 그녀에게 상황을 물어 보았더니, 그녀는 그의 만행(?)에 머리가 터질 것 같은 분노를 일단 삭혔다고 한다. 그리고 주방용, 애견용, 이발용, 옷감 재단용, 수술용으로 각각 1개씩 가위를 구입해 다음과 같은 메모와 함께 그 남자에게 퀵서비스를 보냈다는 것이다.

　"마음에 드는 걸로 고르세요. 잘 잘라 드릴게요! 사후 치료비용은 전액 부담할 예정입니다. 혹시 원하지 않으면 네가 버린 쓰레기는 네가 직접 수거

하기를 바랍니다. 늘 '몸' 조심하세요!!!"

셋째, 조루, 지루, 발기부전 등의 성 기능에 장애가 의심되는 경우이다. 물론 긴장하거나 술을 많이 먹었을 때는 기능이 떨어지기도 하지만 어쨌든 예민한 여자들은 대충 눈치를 챘다. 성 기능 장애는 성격장애를 동반한다는 점에서 '팽' 하는 이유가 된다고 보여진다. 사랑의 힘으로 치료를 돕겠다는 선택을 하는 것은 그녀의 자유의사에 달렸지만 이는 일명 '라이언 일병 구하기형' 이라고 말할 수 있다. (온갖 고난을 넘고 넘어서 일병을 구하기)

넷째, 첫 섹스에서 지나치게 자신의 성적요구를 강요하면서 여자의 의사를 무시하는 경우이다. 변태나 이상성욕자일 가능성이 많다. (포르노 비디오 과다 시청자) 일명 '통원치료형' 이라 할 수 있다.

사실 남녀간의 섹스문제는 당사자 외에는 아무도 알 수 없는 복잡미묘한 부분이 있다. 성격, 신체적 구조, 가치관, 생활양식 등등 여러 면에서 각각의 독특한 체계를 가진 남녀간에 일어나는 행위이기 때문이다.

옛날 어른들 이야기로는 남녀는 궁합(宮合)이 맞아야 잘 산다고 했지만 궁합 이전에 우리가 갖춰야 할 자세는 섹스에 대한 기본 상식과 매너에 대한 것이라 생각한다.

아마도 누군가와의 첫 섹스에서 가장 기억에 남는 부분은 상대에 대한 느낌(feel)과 태도가 아닐까?

'능력'은 못 미쳐도 느낌만큼은 좋은 상대로 남도록 노력하는 것, 그것이 자신과 상대를 존중하는 기본 매너라 할 수 있다.

14. 첫 섹스 후 지속적인 관계 맺기의 노하우

　얼마 동안의 교제 끝에 마침내 한 여자와 한 남자가 첫 섹스를 했다. 둘이 함께 한 행위이지만 각자의 느낌은 다를 수밖에 없다.
　남자는 한 여자를 만나 첫 섹스를 하기까지 전력질주를 하여 목표를 달성한 반면, 여자는 상대 남자와의 정서적 유대감과 감정을 키워서 이제 막 목표를 향해 나아가려고 하기 때문이다.
　그런데 첫 섹스 후 서로의 관계가 바로 시들해지는 경우가 있는 반면에 불길이 붙어 활활 타오르는 경우도 있다. 대부분의 경우 남자는 첫 섹스 후 만족을 느끼면 바로 여자에게 마음이 쏠리면서 이전보다 더 가깝게 다가서는 편이다. 그러나 별 느낌을 받지 못했어도 여자가 먼저 전화를 해 오면 일단 거절을 하지는 않는다고 한다. 한편 여자는 남자와 섹스까지 간 그 시점에 이미 마음의 문을 열었기 때문에 특별한 사유로 실망을 하지 않는 한 안정적이고 지속적인 만남을 갖기를 원하는 것이 일반적이다. 여자가 교제하던 남자와 섹스를 하고 나서 '사랑을 했다'고 표현하는 것은 바로 그런 이유 때문이다. 그런데 남자의 반응이 뜨겁지 않다고 느끼는 순간 여자는 불안감을 갖게 되고 머릿속이 복잡해진다.

첫 섹스 후 지속적인 관계를 유지하려면 어떤 태도를 취할 것인가?

세상의 모든 일이 그러하듯이 연애에서도 호흡조절이 필요하다.

실패는 한 순간에 호흡을 놓쳐서 일을 그르치게 되는 것이다. 호흡조절은 욕심에 얽매이지 않을 때 가능한 것이다.

요가나 명상수련에서 처음 배우는 것이 바로 호흡법인데, 이는 몸과 마음의 긴장을 풀어서 편안한 상태를 만들기 위함이다. 숨을 들이쉬고 내쉬는 호흡처럼 연애에서 호흡조절은 밀고 당기는 것이라 할 수 있다. 자연스럽고 편안한 상태에서 자신의 감정을 상대의 반응에 따라 적당한 거리감과 속도로 조절하는 것이다.

그러면 대체 어떻게 조절해야 하는 것일까?

(1) 섹스를 하기 전과 다름없이 행동하는 것이 필요하다. 둘이 비슷한 속도로 걷다가 갑자기 속도를 내면 상대가 당황하는 것처럼 친밀감의 속도 또한 마찬가지이다.

(2) 자신의 성격이나 캐릭터를 있는 그대로 솔직하게 보여주는 당당함이 있어야 한다. 평소에 치타 같았던 여자가 순한 강아지처럼 굴면 남자는 귀엽게 보기보다는 뭐 잘못 먹었냐는 표정을 짓는 경우가 많다. 반면에 남자가 갑자기 '소유권'을 행사하거나 '마당쇠'처럼 굴면 여자는 핸드폰 번호부터 바꾸려 할 것이다.

(3) 캐주얼한 패션의 그녀가 갑자기 야시시한 섹시 모드로 바뀌면 그녀 앞으로 가던 발걸음을 멈추고 뒷걸음질치는 것이 남자의 심리이다.

(4) 재미있고 유익한 화제를 제공해서 유쾌한 분위기를 만드는 것은 중요하다. 하지만 남자와 시선을 마주치려고 애쓰거나 과장된 스킨십은 피하는 것이 좋다. 남자가 스킨십을 하면 적당한 선에서 자연스럽게 거절하거나 묵인한다.

(5) 연애의 기본에 있어 여자의 역할은 덫을 놓고 자신을 사냥감처럼 위장하고 도망가는 것이다. 그리고 도망을 가면서도 사냥꾼의 시야에서 벗어나지 않고 적당한 속도로 달리는 것이 중요하다. 때로는 잡혔다가 틈을 보고 다시 그 주변을 맴돌기도 하는 심리전을 펼 때 남자는 절대 그녀에게서 벗어나지 못하고, 오히려 그녀에 대한 흥미와 자극으로 몸이

달아오르게 된다. '한 번 했다'고 매사에 헌신적인 태도로 애정을 표현하는 그녀를 보고 인간적으로 감사하는 마음은 들겠지만 절대 매력을 느낄 수 없는 것이 남자의 심리라는 사실을 알아야 한다.

(6) 가야금의 줄도 너무 느슨해지면 소리를 내기 어렵지만 지나치게 조이면 끊어지는 법이다. 당당함과 도도함은 매력으로 작용할 수 있지만 건방지고 무례한 태도로 남자의 자존심을 상하게 하는 것은 관계를 끊어내는 면도칼이 될 뿐이다.

(7) 솔직하게 표현하는 것을 나쁘다고 할 수는 없지만 자신의 감정이나 의견에 대해 무조건 바닥까지 드러내 보이는 것은 매력을 감점시키는 요인이 된다. 상대에게 거짓말을 하거나 속이라는 뜻이 아니라 적당히 표현하고 감추는 여운을 남겨야 한다는 뜻이다. 누드보다 더 시선을 잡아끄는 것은 베일로 살짝 가려져 있을 때이다.
연애에 있어 은은한 파스텔 톤은 원색보다 오래 가는 법이고, 수묵화(水墨畵)의 깊은 멋은 여백에서 나오기 마련이다.

첫 섹스 후 여자들이 빠지기 쉬운 감정의 함정은 섹스를 사랑으로 포장하려는 데 있다. 좋은 감정을 느낀 청춘남녀가 따뜻한 느낌으로 섹스를 했다는 사실은 신의 선물이라고 생각한다. 그런데 그 선물을 연금이나 보험금으로 바꾸려 한다면 선물에 담긴 축복은 사라질 것이다.

연애의 초기 화면은 모데라토(보통 빠르게)에서 시작하고, 첫 섹스 이후 템포를 약간 늦추고 쿨하게 온도를 설정하는 것이 연애의 내공이라 할 수 있다.

15. 우연한 만남, 충동적인 섹스에 대한 남녀의 표현방식

"어쩌다 마주친 그대 모습에 내 마음을 빼앗겨 버렸나."

'원 나잇 스탠드(One Night Stand)'는 처음 만난 남녀가 그 날로 섹스하는 것을 뜻한다. 이유를 물어보면 여자들은 술 때문에 대형사고를 쳤다고 표현하고, 남자들은 "그 여자가 맘에 들었고, 그래서 한 번 하고 싶었다"라고 대답한다. 남녀 모두 오랫동안 성적으로 해소되지 않은 상태일 수도 있고, 정서적 외로움 혹은 상대가 한눈에 쏙 들어왔기 때문일 수도 있다.

그런데 왜 여자는 대형사고 낸 용달차 기사처럼 불안감과 자책감을 갖는 것일까? 어떤 의미에서 섹스라는 것이 여자에게는 자신의 성(城)을 내 주는 것을 뜻한다. 마음이 열려야 몸의 문도 열리는 것이 여자의 성

(性)이기 때문이다. 그리고 그 마음의 빗장은 여러 가지 조건이 성립되어야 열리게 되어 있는 것이 보통이다.

원 나잇 스탠드라는 돌발적 상황은 여자에게는 비상사태와도 같다고 볼 수 있다. 사랑의 감정을 확인하기도 전에 자신의 몸이 상대에게 예민한 반응을 보였기 때문이다. 마치 별당아씨가 하룻밤 묵어 가는 과객과 연통(戀通)한 꼴이 되니 심사가 편할 수가 없다. 여자 입장에서는 상대가 자신을 '노는 여자'로 생각할까 봐 실수였다고 연막을 치고 싶은 것이다. 그래서 '나는 지난 밤에 한 일을 모른다'고 회피하거나 상대에게 책임을 미루기도 한다. 남자들 이야기로는 '그 날'의 기억이 좋은 경우에는 그녀에게 연락을 하고 데이트 신청을 한다는 것이다. 그리고 여자들이 생각하듯 상대를 판단하기보다는 그녀와의 섹스에 대한 느낌, 자신을 대하는 여자의 태도 등을 중요하게 여긴다고 한다.

원 나잇 스탠드의 경험이 있는 남녀들의 이야기를 들어보면 여러 유형이 있다.

(1) 전형적인 플레이보이형

여자를 차(car)의 개념으로 생각해 새로운 타입이나 시선이 가는 여자를 보면 일단 '작업'을 시작해서 시운전을 한다는 사고를 갖고 있다. 상대를 고르는 취향이 일관된 경우도 있고 다양한 경우도 있다.

(2) 샤워형

자유분방한 섹스를 추구하는 여자로, 타고난 성 에너지가 많고 내면적으로 성장기에 자아가 손상된 경험을 갖고 있다. 섹스를 샤워하는 것으로 가볍게 생각하지만 사랑에 대해서는 냉소적인 경향이 있다.

(3) 미식가형

여자와의 섹스를 식사하는 것으로 생각한다. 대체로 맛있는 음식을 찾아다니며 먹는 스타일이며 '하고 싶은' 충동을 일으키는 여자를 보면 단도직입적으로 액션을 취한다. 여자의 심리에 대한 노하우를 갖고 있다.

(4) 즉흥환상곡의 지휘자형

애인이 있어도 그 날의 무드에 휩쓸리거나 이상형을 만나면 맥을 못쓰고 함락되는 타입이다. 우유부단한 성격으로 자칫하면 양다리를 걸쳐서 잔잔한 일상에 파문을 만들기 쉽다.

(5) 방황하는 청춘형

연애 관계가 없는 평범한 남자로 외로움을 곁에 끼고 사는 타입이다. 우연한 모임에서 누군가 자신에게 관심과 친절을 보이면 용기를 갖고 작업한다. 하지만 여기 저기서 작업하다 잘못하면 소문만 안 좋게 나는 경우가 많다.

'소 걸음으로 느리게 걷고 호랑이처럼 날쌔게' 라는 옛말처럼 '작업은 조용하게! 마무리는 확실하게!' 하는 것이 연애의 ABC라고 할 수 있다.

(6) 휴머니스트형

연애방식이 쿨한 타입으로 프리섹스주의자는 아니지만 성에 대한 가치관과 태도에 개방적이며 유연성을 갖고 있다. 섹스를 하는 상대에게 최대한 따뜻하고 친절한 배려를 해 준다. 원 나잇 스탠드는 인생의 이벤트라고 생각한다. 이들의 특징은 상대의 말과 마음을 캐치하는 것이 뛰어나다는 점이다. 감성이 풍부하고 이해심이 많기 때문에 상대가 마음에 안 들어도 자신이 차이는 방식을 택한다. (그들의 이야기로는 상대의 마음에 상처주기 싫다고 한다)

우리는 살아가는 동안 많은 것을 겪으며 복병(伏兵)을 만난다. 원 나잇 스탠드도 예기치 않게 일어나는 돌발상황인 것이다. 누구에게 언제든지 일어날 가능성이 있는 일이다. 원 나잇 스탠드로 시작해서 결혼까지 가는 커플도 있고, 단 하룻밤의 악연으로 미혼모가 되거나 질병에 감염되어 고통을 받는 경우도 적지 않다.

중요한 것은 어떤 상황 속에서도 자신이 어디에 어떻게 있는가를 응시

할 줄 알아야 한다는 것이다. '도대체 이 순간 나는 무엇을, 왜 원하는가?'라는 질문을 던질 필요가 있다. 그 순간에 상대와의 섹스를 원한다면 하면 된다. 단, 피임에 대한 이야기도 나누고 (비교적 안전한 것이 콘돔 사용이다) 각자의 성적 욕구나 표현도 당당하고 솔직하게 나누는 것이다. 조금이라도 마음에 거리낌이 있다면 원 나잇 스탠드는 탐험이 아니라 모험이 되는 것이다.

처음 만난 상대를 얼마나 정확히 파악하는가는 각자의 능력이다. 그 '시력(?)'에 자신이 없다면 자신의 성적 욕망을 조절하는 데 힘쓰는 일이 우선일 것이다.

16. 나의 성적 매력과 감성에 대한 자가진단을 해야 하는 이유

어느새 우리 사회에서 섹시코드는 하나의 트렌드가 되어 버렸다.

남자들도 취직을 위해서 혹은 비즈니스를 확대하기 위해 성형수술을 받고 이미지 컨설팅 회사의 문을 두드리는가 하면 다이어트를 위한 운동과 정기적인 피부관리에 돈과 시간을 투자하는 실정이다. 자기관리라는 측면에서는 상당히 긍정적인 생활태도라고 생각한다. 그런데 문제는 인간에 대한 평가를 겉모습에만 치중하는 우리 사회의 편견이 그들을 한쪽으로 몰아간다는 데 있다고 본다.

얼마 전 TV 프로를 보면서 놀란 적이 있었다.

'몸짱'과 '얼짱'이 되고, 빚을 내서라도 명품으로 장식하는 일에 모든 것을 바치는 여성들을 인터뷰한 내용이었다. 그녀들의 꿈은 '신데렐라'

가 되는 것이란다. 돈 많은 남자와 결혼하는 게 목표라는 그녀들의 당당한 목소리가 내게는 '절규'처럼 들렸다. 그리고 한편으로는 '그 처절한 노력을 자기계발에 쏟는다면 틀림없이 인생에서 성공할텐데……' 라는 아쉬움을 느꼈다. '파리의 연인'이 되는 것은 '로또' 복권 당첨률의 1/2 이라고 한다.

  한 개인의 성적 매력이 연애는 물론이고 사회생활에서도 중요한 무기가 되는 것은 틀림없는 사실이다. 그런데 과연 성적 매력이라는 것을 키나 얼굴, 몸매로만 판단할 수 있는 것일까? 우리가 실제로 일상 속에서 부딪치는 남녀들을 보면 성적 매력이라는 것은 다양하면서도 복합적인 색깔을 띠고 있는 것을 알 수 있다. 키가 작아도 얼굴이 안 생겨도 몸매가 일자형이라도 남자로 혹은 여자로 매력적인 사람들은 얼마든지 있다. 반대로 외적 디자인(?)이 좋아도 별로 만나고 싶지 않은 남녀도 있는 것이다. 쉽게 말해서 성적 매력이 없는 사람들이다.

  내 주변에도 연애사건 한 번 없이 조용히(?) 그리고 힘겹게 살아가는 남녀들이 꽤 있다. 그들을 관찰한 바 연애가 안 되는 이유를 한 가지씩 가지고 있었다.

(1) 엑스트라형

평범한 외모에 무던한 성격으로 드라마의 엑스트라처럼 자기만의 컬

러가 선명하지 않은 타입이다. 한마디로 경쟁력이 없기 때문에 이성의 시선을 끌지 못한다. 그들에게는 언제나 '사람은 참 좋은데……' 라는 꼬리표가 붙는다.

(2) 족쇄형

가치관이나 생활 방식이 지나치게 보수적이고 낡아서 답답한 타입이다. 남자인 경우에는 권위적이고 남녀 차별적인 태도를 보인다. 또한 여자는 조선시대 여인상 같아 골동품처럼 보기는 해도 선뜻 손을 댈 수 없게 하는 스타일이다.

(3) 탈수건조기형

감성이 건조하여 몇 마디 나눠 보면 재미가 없는 타입이다. 여러 사람이 모여 즐겁게 담소할 때는 화제나 분위기에 물기가 촉촉할 때이며 그럴 때 먹는 술도 맛있는 것이다. 물기는 다른 말로 색기(色氣)라고도 할 수 있다.

(4) 수감자형

자신이 만든 '감옥' 속에서 나른한 삶을 사는 타입이다. 대인관계에 소극적이며 방어적이기 때문에 사회성이 부족하고, 불안감과 우울증을 껴안고 산다.

  그들의 내면 속에는 뜨거운 열정이 숨어 있는 경우도 있지만 문제는 감옥의 열쇠를 찾기가 쉽지 않다는 사실이다.

(5) 헤드라이트형

  이 유형은 겉보기에 괜찮은 외모와 무난한 성격을 가진 남녀 중에 많다. 이상이 높으며, '사랑 찾기'에 눈을 밝히는 타입이다. 남자는 분에 넘치는 여자를 찾느라 바쁘고 여자는 사랑과 결혼을 함께 이루고 싶어한다. 자칫하면 상대에게 심리적 부담을 안기기 쉬운 스타일이다.

(6) 나사 풀린형

  평범한 외모에 휴머니스트 타입으로 인간 관계는 풍요롭지만 성적으로 '필'이 안 꽂히는 타입이다. 그들은 연애에 목매는 성격은 아니며, 이성친구로 지내는 사람들이 많다. 풍요 속에 빈곤한 생활이다.

(7) 전자계산기형

  연애도 비즈니스라고 생각하여 늘 계산기를 두드리는 타입이다. 그들의 맹점은 자신에 대한 객관적 점수는 내지 않는다는 점이다. 그렇게 계산기만 두드리다 50세가 넘도록 푹 삭은 남녀를 종종 본다.

(8) 문어발형

그들에게는 피도 안 섞인 누나, 여동생, 오빠, 남동생이 많다. 아는 이성은 널려 있는데 '사건(?)'이 안 생기는 공통점을 갖고 있다. 그래도 늘 사람들과 어울리는 덕분에 보기에 딱하지는 않다. 만나면 반갑지만, 개인적으로 사귀고 싶은 마음이 들지 않는 유형의 스타일이다.

(9) 나르시스형

왕자병이나 공주병 환자들로 자신이 무척 매력적인 사람이라고 착각하면서도 콤플렉스를 갖고 있는 타입이다. 그들은 상대가 가벼운 관심과 농담을 던지면 자신을 좋아한다고 단정짓는 특징이 있다. 성장기에 애정 결핍을 겪었거나 잘살다 망한 집안 출신인 경우가 종종 있다.

(10) 습지형

어두운 분위기에 장마철 습기 찬 벽지를 보는 것처럼 축축한 타입이다. 얼굴이나 외모가 처지는 편은 아닌데도 불구하고 데이트 신청을 받지 못한다. 그들에게 던져지는 찬사는 '좋은 여자인 줄 알지만……'이나 '좋은 남자라고 생각하지만……' 등이다. 자신의 생활이나 분위기를 과감하게 바꿀 필요가 있는 유형이다.

나는 개인적으로 성적 매력은 누구에게나 잠재되어 있다고 생각한다.

그것은 누구나 장점과 단점을 함께 갖고 있는 것과 같다. 보편적인 관점에서 매력적이지 않다는 사실은 그 사람이 갖고 있는 부정적 요소가 장점을 덮고 있기 때문이다. 자신이 매력적인 남녀가 아니라는 사실보다 더 심각한 문제는 그런 사실을 외면하거나 그 점에 무신경하다는 데 있다.

타고난 작은 키를 늘리거나 장대 같은 키를 줄일 수는 없는 일이다. 그런데 그것만큼 바꾸기 어려운 것이 바로 성격과 기질이다. 그러나 성향은 노력하면 변화할 수 있다. 자신의 성적 매력을 높이는 것은 자신 있고 활기 찬 인생을 살아가기 위한 방법이 될 수 있다. 여성의 매력은 부드럽고 달콤한 향이 나는 슈크림과 같고 남성의 매력은 씹을수록 단맛이 나는 호밀 빵과도 같은 데 있다.

내 눈에 매력적인 상대를 찾기 전에 나의 성적 매력과 감성을 먼저 체크하고, 그 다음에 자신을 리모델링(remodeling)할 일이다.

외모와 성격을 가꾸고 관리하면서 정신세계 또한 늘 충전시키는 마인드를 가질 때 성적 매력은 업그레이드 될 것이라 믿는다.

17. 여성의 월경전증후군(PMS)을 알아야 진짜 젠틀맨이다

월경(月經)은 영어로 멘스트루에이션(menstruation)이라 하는데, 이는 '달(moon)'을 뜻하는 멘시스(mensis)에서 유래했다고 한다.

여성의 월경은 생식주기의 좌절로 수정이 되지 않아 자궁내막에 출혈을 일으키는 것이다. 보통 5일에서 1주일 정도인데 주기는 28일로 달의 운행주기와 같다. 과거 여성의 월경을 '달거리'라고 표현한 것도 이 때문이다.

여성의 월경은 고대로부터 동서양을 막론하고 불결하고 재난이나 독소처럼 인식되어 왔다. 우리나라에서는 월경하는 여자는 소위 '부정 탄다' 하여 행동반경을 제약하기도 했다.

월경에 대한 과학적 연구는 20세기에 들어와 시작되었으나 주로 여성의 월경이 고등교육에 악영향을 끼친다는 편견을 입증하는 데 주력하였다고 한다.

그러나 과학의 발달과 여성전문의들의 진출로 월경에 대한 가부장적 편견은 사라지게 되었다. 또한 1920년에 세계 최초로 '코텍스'라는 이름의 생리대가 생산되면서 여성은 심리적으로나 신체적으로 자유를 갖게 되었다는 것이다.

월경전증후군(Premenstrual Syndrome)은 월경이 시작되기 전 7~10일 전에 일어나는 신체적, 정서적, 행동의 변화 등 다양한 증상들을 일컫는다. 그 정도는 개인에 따라 차이가 있고 3~5%는 변화가 심하여 장애를 겪는다고 한다.

실제로 여학교에서는 생리통으로 조퇴하는 것을 묵인해 주며, 직장여성의 생리휴가를 법적으로 인정하는 것도 이 때문이다.

먼저 생리적 증상은 몸이 붓거나 두통, 유방통, 구토, 설사, 변비, 소화불량, 빈혈증 등 150여 가지가 넘게 있다고 한다. 이때의 월경통은 자궁의 내막이 벗겨져 떨어질 때의 자궁수축과 내막의 출혈이 원인이라고 하지만 정확한 원인은 밝혀지지 않고 있다.

신체적으로는 피곤함과 무력감에 시달리고 식욕부진이나 식욕과잉의 증상을 갖는다. 정서적으로는 우울증에 빠지거나 감정의 기복이 심해지는 등 신경이 예민해지고 충동적이 된다. 한편 행동도 느려지고 자제력을 잃거나 사소한 일로 다투기도 한다. 또한 정신적으로는 집중력이 떨어지고 자살의 충동, 과도한 소비, 절도, 살인 같은 범죄도 일으키며, 이와 같은 증상은 주로 2~30대 여성에게 나타난다고 한다.

월경전증후군을 완화하는 일반적인 방법은 다음과 같다.

규칙적인 운동과 야채, 과일, 생선, 비타민의 섭취를 늘린다. 밀가루나 감자 등 전분류의 섭취가 효과가 있다는 연구도 나왔다. 그밖에 산책, 명상, 음악감상이 신경을 안정시키는 데 도움이 된다. 심한 경우에는 의사의 처방에 따라 항우울제, 이뇨제, 호르몬제, 정신안정요법 등의 약물로 치료를 하기도 한다.

흔히 월경 중에는 임신이 되지 않는 걸로 알고 있지만 실제 의학적으로는 아주 낮은 확률의 임신 가능성이 존재한다고 한다. 또한 생리기간이 길고 다음 배란이 빠른 사람은 결코 간과할 수 없는 임신의 가능성이 있다는 것이다. 그리고 생리 중에는 질의 내부 등이 섬세해져 있기 때문에 상처를 입기 쉽고 질병에 노출될 위험이 있다고 한다.

한편 생리 중인 여성의 성욕은 개인마다 달라서 성욕이 강해지기도 하고 성욕이 없어지기도 한다. 성욕이 강해지는 것은 임신의 공포에서 비교적 자유롭기 때문이고 통증이 심한 경우는 성욕조차 생기지 않는다.

센스티브한 남성은 연애를 하는 동안 파트너인 여성의 월경주기를 파악하고 있는 것이 보통이다. 그래서 상대가 행동의 변화를 보일 때 섬세하게 배려해 준다. 그런 젠틀맨십이 한 달에 한 번 마술에 걸린 여성의 통증을 위한 치료제가 되기 때문이다.

18. 연애학, 대학 교양과목으로 가르쳐야 한다

2003년에 모교에서 특강을 한 적이 있었다. 내용은 대학을 졸업하기 전에 갖춰야 할 것들이었다. 토플 실력과 취직시험 준비보다 우선해야 할 것은 평균 수명 80세를 바라보는 현실 속에서 인생에 대한 설계라는 것이 그 요점이었다. 그러기 위해서는 자신에 대한 주관적이고 객관적인 분석이 필요하고 자신의 적성과 취향을 고려한 평생직업에 대한 선택을 고민하라는 것이다.

그 다음으로 중요한 것은 파트너의 선택인데 자신과 잘 맞는 상대가 좋은 파트너이며 자신보다 좋은 조건의 상대를 찾기보다는 자신이 좋은 파트너가 될 수 있도록 노력하는 자세가 필요하다고 강조하였다.

나는 개인적으로 대학생의 영어실력보다 인간관계 기술이 더 중요하다고 생각한다. 영어는 언제든지 배울 수 있지만 인간 관계에 대한 능력은 이 시기를 놓치면 교정되기 어렵기 때문이다.

심리학자 에릭 에릭슨(E. Erikson)은 18~25세를 청년기에 속한다고 보았다. 그에 따르면 청년기는 자기정의(self-definition)와 자아존중감의 문제가 중요시되는 시기이므로 정체감 위기(identity crisis)에 처한다고 하였다.

(1) 신체적 성숙과 성적 발달은 신체에 대한 강한 자의식과 성욕을 출현시키며, (2) 청년기의 인지능력의 발달은 정체감 확립을 촉진시킨다.

이 시기가 가치관과 도덕성, 종교와 정치에 대한 신념을 발달시키는 결정적 시기라고 한다. 성적 가치관의 형성도 이 시기에 이루어진다고 볼 수 있다. 취업준비와 이성교제가 활발히 진행되는 시기인 것도 사실이다.

대학에서 연애학을 가르쳐야 하는 이유로 다음의 두 가지를 들 수 있다.

첫째, 결혼 전의 건전한 이성교제의 경험은 인간 관계의 발전, 자기의식과 자기이해의 증진, 인간 관계의 기술, 교제를 통한 만족, 타인과의 조화를 경험하는 기회 등을 제공한다.

따라서 연애를 주제로 문학, 사회학, 심리학, 철학, 생물학, 생리학 등의 다양한 분야로의 접근은 대학생들에게 일정한 도움이 될 것이다.

사회인으로서의 정신적 성장은 이 시기를 통해서 이루어진다고 할 수 있다. 성숙한 인간의 조건은 자아의식의 확립, 타인과의 소통능력과 객관성의 획득, 적응력, 욕구조절 능력, 건전하고 건강한 성 의식 등이다.

둘째, 배우자를 선택하는 시기이기 때문에 성교육과 함께 결혼에 대한 교육 프로그램에 참가시켜야 한다.

성적 자아감의 형성과 성적 주체성, 다양한 성 역할, 남녀의 생리학적 이해와 성 반응과 성 심리, 피임, 임신, 출산, 결혼에 대한 이론과 사례연구를 통해 잘못된 성 지식이나 편견과 무지에서 벗어날 기회를 갖게 될 것이다. 한 개인의 성적 무지나 편견은 가정을 가진 후 자녀교육에도 막대한 영향을 끼친다는 점을 고려하면 문제는 심각해진다.

또한 부부간의 성적 적응은 결혼생활의 만족을 결정하는 중요한 요소가 된다. 부부간의 성 문제는 단순한 육체적 행위에 국한된 것이 아니라 감정적, 인격적 요인들이 복합적으로 얽혀 있으며 개인의 여러 가지 배경에 따라 갈등의 편차가 심한 편이다. 서로 다른 성적 가치관과 태도가 대책 없이 부딪치기 때문이다.

지금 우리 사회는 오늘날 증폭되는 부부간의 갈등, 혼외 정사, 배우자 폭력, 아동학대, 가정해체 등의 위기가 어디서부터 시작되는지 자문해야 할 시점에 와 있다.

현재 미국의 플로리다에서는 결혼을 하기 전에 혼전교육을 받고 관계 도서를 읽는 절차를 통해 결혼허가증을 받아야 결혼증서를 준다고 한다.

이로 인해 1998년, 1,000건에 달하는 이혼건수가 1999년에는 837건으로 줄었다고 한다. 한편 플로리다 대학에서는 결혼과 가족문제를 위한 상담센터가 운영되어 많은 사람들의 고민을 덜어 주고 있다. 현재의 우리 대학교육이 우리의 삶에 얼마나 중요한 영향을 끼치고 있는지를 자문하게 되는 사실이다.

  연애학은 개인의 인격형성과 사회생활에 꼭 필요한 교과과정이라는 인식을 통해 올바른 성 의식의 접근을 도모해야 할 것이다.

| 제3장 |

나에게 매력적인 남자, 그의 특징과 성격, 연애방식

SQ가 높은 남녀의 캐릭터 분석 I

양자리(3월 21일~4월 20일경)
황소자리(4월 21일~5월 20일경)
쌍둥이자리(5월 21일~6월 21일경)
게자리(6월 22일~7월 22일경)
사자자리(7월 23일~8월 22일경)
처녀자리(8월 23일~9월 23일경)
천칭자리(9월 24일~10월 22일경)
전갈자리(10월 23일~11월 22일경)
사수자리(11월 23일~12월 21일경)
염소자리(12월 22일~1월 19일경)
물병자리(1월 20일~2월 18일경)
물고기자리(2월 19일~3월 20일경)

1. 저돌적이고 적극적인 서부시대 총잡이

이 타입은 진취적이고 공격적인 기질의 소유자로 매사에 도전정신과 적극성으로 무장되어 있다고 볼 수 있다. 에너지가 샘솟듯 일의 추진력도 빠른 편이다. 자신이 원하는 것을 향해 직진 차선으로 돌진하며 어려운 일이 생기면 위험을 무릅쓰고 앞장서서 열성적으로 달려간다.

개척정신으로 새로운 길을 찾지만 자극을 받지 못하면 쉽게 흥미를 잃기도 한다. 의지와 열정으로 똘똘 뭉친 그의 슬로건은 '웬만하면 나의 앞길을 가로막지 마라!' 이다.

남성적이고 강력한 이 액션 앞에서 뭇 여성들이 퍽퍽 쓰러지는 것도 무리는 아닐 것이다. 할리우드의 스타 배우 중 이 타입이 유난히 많은 것도 이 때문이 아닐까?

그러나 그런 이면에는 남의 선두에 서서 지휘를 해야 직성이 풀리기 때문에 조직생활에서 어려움을 초래하기도 하는 부분이 있기도 하다.

또한 용감무쌍한 그의 행동은 본능적이고 충동적이어서 때로는 무모함과 부주의함으로 인해 다른 사람을 곤경에 빠뜨리기도 한다. 그런 면에서 이기적이며 성격은 외향적이고 때때로 불 같이 화를 내기도 한다. 퉁명스러우면서도 유머감각이 있고 여러 사람과 협력하기보다는 독자적으로 행동하는 경향을 지닌다.

그는 섹스도 성격처럼 충동적이고 격렬함으로 시작하지만 열정이 식으면 바로 영하로 곤두박질하기도 한다. 성 에너지도 많은 자유연애주의자이면서도 사랑과 섹스를 분리시키는 편이다.

사랑에 쉽게 빠지는 만큼 싫증도 빨리 내지만 만나는 동안은 충실하고 감상적인 로맨스를 추구한다. 그러나 상대에게 '나 그대에게 모두 드리리~' 라고 무릎을 꿇는 순간부터 소유욕과 질투의 화신이 되기도 한다.

할리우드 스타 스티븐 시걸과 알렉 볼드윈은 자신들의 타고난 기질을 영화 속에서 그대로 표현하고 있다.

이외에 성룡, 앤디 가르시아, 에디 머피, 러셀 크로우, 말론 브란도, 이완 맥그리거 등이 여기에 속한다.

2. 안정적이고 소유욕이 강한 보수주의자

이 타입의 특징은 순응성, 안정성, 보수적, 탐욕적이다.

변화를 싫어하고 안전과 안정을 중시한다. 자기 소유의 땅과 가축을 둘러보는 시골 유지의 모습이 이 타입의 남자를 상징한다 할 수 있다. 인생의 기본적인 즐거움에 만족하는 그는 맛있는 음식과 사치, 안락한 가정과 원만한 성생활을 추구한다. 따라서 식당, 식료품 등 음식과 관련한 일이나 입과 목을 쓰는 성우, 방송계통에서 성공하는 편이다.

전통적이고 지속적인 것을 중시하는 그는 새로운 것을 낯설고 비현실적인 것으로 여기기도 한다. 예술적인 감각이 뛰어나면서도 실제로는 일상적이고 실용적인 쪽에서 실력을 발휘하는 그는 미술품을 수집해도 반드시 금전적인 가치를 따지는 편이다.

또한 낭만적이고 예민한 감각과 친절과 끈기는 그의 미덕이다. 매사에 현실적이고 침착하며 신뢰할 수 있는 은행가 타입이다.

한편 조심성 많고 고집이 세고 완고하고 보수적인 그는 일 처리가 분명하고 확실한 반면 독선적인 태도로 다른 사람과 트러블을 갖기도 한다. 반면에 그의 현실적인 감각은 금전관리에 수완이 있어 늘 재물이 따른다. 그러나 이런 물질추구적 성향은 소유욕과 결합되어 탐욕적으로 변하기도 한다. 영화 '데블스 에드버킷(악마의 변호사)'의 키아누 리브스처럼 부와 성공을 위해 영혼까지도 팔아 넘기는 변호사가 될 수 있는 타입이다.

건강한 체격과 안정감은 상대에게 믿음을 주며 결혼을 하면 배우자에게 충실하고 현실적인 책임감을 갖는다. 그러나 무엇이든지 자신이 소중하게 생각하는 것을 잃어버리거나 빼앗겼을 때는 평소의 다정하고 믿음직한 태도가 돌변한다. 쉽게 화를 내지는 않지만 한 번 분노의 불길이 솟으면 주변을 몽땅 삼킬 정도이고, 그 감정을 오래 지속시킨다. 그래서 그의 소유욕은 때때로 파트너나 배우자에게 극단적으로 표현되기도 한다. 소유욕이 충족되지 않으면 질투에 눈이 멀거나 그 대상을 '먹어 치우는' 것으로 표출한다.

그런가 하면 습관을 고수하여 사소한 것도 바꾸거나 변화되는 것을 두려워한다. 이사 등의 상황이 그에게는 엄청난 스트레스를 주는 요인이 되는 것이다.

이 타입의 연애성향은 조용하고 차분한 겉모습과는 달리 열정적이고 성욕이 강하다. 사랑과 섹스를 동일시하며, 한 사람에게 빠지면 물불을 안 가리고 집요하게 만족을 추구한다. 하지만 이처럼 상대의 모든 것을 소유하고 지배하려는 욕구가 때때로 파트너에게는 고통이 되기도 한다.

하지만 도움이 필요한 사람들에게 실질적인 원조를 아낌없이 베푸는 인정도 있다. 그런 그의 모습은 고집불통과 지나친 안정주의로 똘똘 뭉친 독신 작가가 세상과 화해하고 사랑에 눈뜨는 과정을 통해 한 인간이 내면적으로 성숙해 가는 것을 보여주는 영화, '이보다 더 좋을 수는 없다'에서 잭 니콜슨의 캐릭터에 잘 녹아 있다.

3. 지성적이고 변화무쌍한 저널리스트

이 타입의 특징은 변이성, 다양성, 사실적, 피상적이다.

끊임없이 변화하며 새로운 것을 추구하는 타입으로, 모험심과 새로운 것에 대한 호기심이 많고 각종 정보를 수집하여 사람들에게 전달하는 데 능력이 있으며 흥미를 갖는다. 그는 커뮤니케이션을 중요시하며 왕성한 지식욕구로 지적이고 사실주의적 성향을 나타낸다. 어떤 경우에 있어서는 잡다한 지식의 나열로 피상적인 것들에만 치우치게도 되지만, 다양한 지식과 타고난 네트워킹기술은 저술, 방송, 교육, 컴퓨터, 통신 등의 분야에서 능력을 펼치는 경우가 많다. '관계'와 '중개'는 그가 갖고 있는 중요한 키워드인 셈이다.

새로운 아이디어와 독창성도 그의 타고난 재능이며, 여기에 타고난 언변과 문장력은 작가로서의 능력을 잘 살릴 수 있을 것이다. 이들의 영리함과 뛰어난 언어능력, 유머감각, 재치, 다재다능함은 사람들에게 자극과 활력을 준다. 한마디로 '분위기 메이커'들이 여기에 속한다고 볼 수 있다.

그러나 이런 면들이 부정적으로 발전할 때 사기꾼, 소매치기가 될 수 있는 타입이다. 정신적으로나 육체적으로 유동적인 경향이 있어 세일즈맨, 보도기자 등의 직업이 잘 어울리기도 하고, 뉴스나 여행과 관련된 일도 좋아한다. 사교적인 만큼 폭넓은 인간 관계를 맺으면서도 감정적으로는 드라이하고 따스함이 부족하다. 매사를 감정적인 것보다는 지적인 관점에서만 해석하려는 경향이 있다.

그는 폭넓은 친분관계 속에서 자유롭게 의사소통을 하는 인간관계를 추구한다. 또한 외향적이고 사물이나 인간 관계 속에서 사실적이고 객관적인 태도를 갖고 있으며 자유를 추구한다. 마치 떠도는 바람처럼 속박이나 제약을 힘들어하는 한편 불안정하고 산만하며 침착성이 없다. 대체로 한 곳에 오래 집중을 하지 못하고 싫증이 나면 곧 시선을 딴 데로 돌리는 타입이다.

그의 관심과 취향은 변화무쌍하고 변덕스럽다. 기계적이고 반복적이며 단조로운 일은 그를 미치게 하는 최상의 조건이다. 그것은 어느 순간 어디로 튈지 모르는 개구리를 묶어 놓은 것과 같다. 이 타입의 사람들은 자신의 다양한 재능이 어떤 가치 있는 목표를 달성하는지에 대한 목적의식을 강화할 필요가 있다.

또한 그의 내면에 있는 이중성과 반복성은 동시에 두 가지의 직업을 갖는다든지 물건을 살 때 한꺼번에 두 가지를 선택하게 한다. 늘 두 가지가 공존하는 속성 때문이다.

한편 연애에 있어서도 완벽한 자신의 반쪽을 찾아 헤맨다. 정신적으로나 정서적 만족을 줄 수 있는 파트너가 절실히 필요한 까닭에 연속적으로 일어나는 연애사건은 '반쪽 찾기 여행'일 뿐이다.

소피 마르소와 뱅상 뻬레 주연의 '팡팡'을 보면 서커스단에서 아르바이트를 하는 팡팡(소피 마르소)과 알렉산드르(뱅상 뻬레)는 첫 눈에 사랑을 느낀다. 하지만 알렉산드르는 팡팡과 사랑이 맺어지면 그 사랑은 진부한 일상 속에서 빛과 생기를 잃게 되고, 사랑의 환상이 깨어질 것을 두려워한다. 그래서 그는 팡팡의 영원한 친구로 남기를 원하고, 팡팡은 그의 그런 복잡한 심정을 알지 못한다.

이처럼 '팡팡'의 알렉산드르가 겪는 갈등은 두 가지가 공존하는 이 타입의 전형적인 표현방식이라 할 수 있다.

현실적으로 적응을 잘하는 반면에 끊임없이 새로운 세계를 동경하여 모험을 하기도 하면서 침착성을 갖기가 쉽지 않은 그에게 있어 성적 관심은 지적인 것과 관련이 깊고, 그 때문에 스파크가 일어나야 성적 욕망이 일어난다. 그는 성에 대한 관심도 많고 다양한 경험을 갖고 싶어하지만 그것은 변화와 자극을 좋아하기 때문이지 성에 대한 탐닉은 아닌 것이다.

4. 주관적이고 가정적인 로맨티스트

　특징은 비축성, 방어적, 감상적, 가정적이다.
　대개 내향적이고 소심하고 말수가 적은 편이다. 그럼에도 불구하고 상대의 마음을 헤아리는 이해력이 빠르고 대인관계에서는 관대하고 유연하다. 대화를 주도하지는 않지만 유머감각이 있고 상대의 의견을 열심히 경청해 준다.
　기질상 감정이 풍부하고 섬세하다. 감수성도 예민하고 직관력이 발달하여 때로는 주관적인 관점을 고집한다. 하지만 그의 타고난 직관력은 비현실적이고 초월적인 심령문제에 관심을 갖게 하거나 그쪽 방면으로 뛰어난 능력을 보이기도 한다.
　여성적 성향이 가장 발달한 타입으로 남의 비판에 쉽게 상처를 받고 과민하게 받아들인다. 감정적으로 자기 방어가 심한 편이면서 겉으로는 무표정한 얼굴로 자신의 감정을 드러내지 않는 스타일이다.

가사일이나 요리에 관심이 많고 식도락에 빠지기도 한다.

가족에게 충실하고 자기가 좋아하는 대상에 집착하는 경향이 있다.

또한 자기중심적이고 소유욕도 강하다. 자신이 원하는 것을 얻기 위해서 끝까지 노력하는 집요함은 때론 이기적으로 비춰지기도 한다. 그런가 하면 자기 주변 사람들에게 지나친 애정을 쏟아 부어 간섭하고 보호하려 하기 때문에 질식할 것 같은 느낌을 주기도 한다.

반면에 자기가 속한 가정과 공동체(회사, 모임)외에는 별로 관심을 두지 않는다. 삶에 대해 방어적이고 진지하며 맡은 일을 꼼꼼하게 처리한다.

금전문제에서도 늘 비상금을 챙기며 알뜰히 비축하고 계획을 세우고 소비하는 스타일이다. 자신과 가족의 안녕과 풍요를 위해 열심히 일하며 물질을 추구한다.

그의 미덕 중 하나는 인내심이라고 할 수 있다. 비즈니스에 있어서도 서두르지 않고 끈기를 가지고 일을 추진하는 덕에 목표하는 것을 손에 넣으며, 수완 또한 뛰어나다.

다른 사람에게 뭔가를 요구할 경우에도 직설적으로 하지 않고 조심스럽고 은근하게 표현하는 스타일이며, 이런 기질은 연애에서도 은근한 소유욕과 지배욕으로 작용한다. 그러나 자신의 요구가 거부당하면 지체없이 자신의 '동굴' 속으로 들어가 버린다. 그리고 그런 자신을 봐 달라고 무언의 압력을 보내기도 한다.

사람들과 감정적으로 부딪치는 것을 싫어하기 때문에 그가 누군가와 큰소리로 싸우는 일은 극히 드문 경우라고 할 수 있다.

그의 연애성향은 직관적이며 섹스에 대한 관심이 아주 많은 편이다. 또한 사랑과 섹스를 동일시하면서도 자유연애를 즐기는 성향이 있다.

스킨십을 좋아하며 사랑의 감정을 느끼고, 사랑하는 사람의 존재감을 느낄 때 행복을 느끼는 타입이다. 그의 사랑은 보고 만지고 확인하는 'Love is Touch'인 것이다. 그래서 상대와 관계를 정리해야 하는 순간에도 쉽게 놓지를 못한다. 그에게 있어 사랑은 서서히 빠지는 것이며, 조심스럽고도 맹목적인 것이기 때문이다.

영화 '화양연화'에서 아내의 불륜을 알면서도, 또 그 아내의 상대인 남자의 아내를 사랑하면서도 겉으로 드러내지 못하고 갈등하는 주인공 치우(양조위)는 이런 타입의 전형을 잘 표현하고 있다.

연애를 하는 순간에는 최대한 양보하고 다정하고 섬세하게 상대를 배려하고 돌보는 데 정신을 쏟지만, 그 이면에는 사랑의 감정만큼 집착이 본드처럼 붙어 있는 것이다.

5. 대범하고 과시적인 카리스마

특징은 표현적, 창조적, 열정적이다.

자아의식이 남다르며 자기중심적이고 인정받고 싶어하는 욕구가 유난히 강하다. '자존심에 살고 자존심에 죽는다!' 는 깃발을 들고 서 있는 골목대장의 위풍당당한 모습이 바로 그의 내면인 것이다.

그는 자신의 능력을 열정적으로 불태워서 많은 사람들에게 과시하고 인정받는 데서 보람을 느끼는 배우와도 같다. 이른바 '무대체질' 의 소유자라고 할 수 있다.

당당하고 품위를 갖춘 너그러운 '넘버 1' 은 그의 이상형일 것이다.

하지만 그의 인생이 꼬이게 되면 심술궂고 거만한 불평분자나 허풍쟁이로 전락할 수도 있다. 자신감이 뒤집히면 열등감으로 나타나기 때문이다.

영화 '디스 보이스 라이프'에서 10대의 아들을 둔 이혼녀 캐롤라인에게 열정적으로 청혼하는 의붓아버지 드와이트(로버트 드 니로)가 바로 그 전형이다. 허풍이 심하고 권위적인 그가 점차 포악해져 두 모자에게 고통과 상처를 주는 모습은 그와 같은 유형을 잘 나타내고 있다.

일반적으로 개방적이고 솔직하고 담대한 면모를 보이지만 때로는 거만하고 위압적인 모습을 드러내기도 한다. 하지만 그런 경우조차도 아량과 관대함은 빠지지 않는다.

이 타입의 사람들은 단조롭고 꼼꼼한 업무나 복잡한 서류를 처리하는 일을 싫어한다. 또한 남의 지시를 받으면 자신의 카리스마를 행세할 수 없는 탓에 직장이나 조직생활을 하기가 힘든 타입이기도 하다.

그러나 자신이 주관하여 일을 분담시키는 조직력과 개성을 표현하는 창조적인 작업에는 뛰어난 능력이 있다.

그런가 하면 부와 사치를 좋아하고 유행에 민감하기 때문에 돈을 낭비하며 방탕한 생활을 하는 경우가 많다. 기질적으로 나태하고 게으른 편이다.

반면에 자기 표현 욕구가 강한 동기가 되어 늘 자기발전을 추구한다. 그래서 연예, 오락, 예술, 광고 등 엔터테인먼트 사업에 종사하는 사람들이 많다.

강한 에너지와 개성을 가진 그는 어린아이의 순진성으로 아첨에 약하고 지나친 자기만족에 빠지기 쉬운 약점을 갖는다.

대인관계에서는 사교적이며 남에게 주는 것을 즐기고 열정과 낙천성, 리더십으로 주변에 친구가 많은 편이다.

대체로 이 타입에 속한 남자는 타고난 외모와 강렬한 성적 매력, 카리스마, 어린아이의 순진성 등으로 이성에게 저항하기 어려운 분위기를 풍긴다.

낭만적인 연애를 즐기는 연애성향을 보이며, 감상적이고 언제나 열성으로 상대에게 충성을 다 한다. 그러나 충동적이고 감정을 과장시키는 그의 기질은 영원할 것 같은 맹세를 휴지로 만들곤 한다. 자기중심적 성향으로 인해 파트너를 지배의 대상으로 여기기 때문이다.

사랑과 섹스가 주는 기쁨을 본능적으로 알고 있는 그는 연애기간에는 상대에게 최고의 음식, 장신구, 선물을 보내느라 정신이 없다.

어떤 면에서 볼 때, 그에게 있어 연애는 자기과시나 자기표현의 한 방법일 수 있으며, 근본적으로 그는 사랑에 빠지기 어려운 타입이다. 그렇다고 여러 사람을 만나 즐기는 것은 그의 방식이 아니다. 그는 사랑의 다양한 색깔을 전부 가지고 있는 사람이다.

6. 분석적이고 비판적인 연구원

특징은 분석적, 실용적, 정밀적, 비판적이다.

내향적이며 예리하고 비판적으로 분석하는 정신과 창조적인 자기표현을 통해 나타나는 힘의 소유자이다.

질서를 중요시하는 그의 성실한 태도, 세심한 성격과 분별력, 정확성 등은 위생관계나 회계, 연구, 비평, 조사 등의 일에 적합하다. 그 외에 편집과 교정, 교육, 연구 등도 적성에 맞는다.

영화 '레인메이커'의 주인공은 법대를 갓 졸업한 신참 변호사이다. 그런 그가 백혈병으로 죽어 가는 아들의 어머니로부터 사건 의뢰를 받는다. 상대는 파렴치한 거대 보험회사. 그러나 주인공은 성실하고 치밀한 솜씨로 증거 수집과 증언을 채록하여 결국 승소판정을 얻게 된다.

이 영화의 주인공처럼 이 타입의 사람들은 타고난 통찰력과 지성의 소유자이며, 자신을 잘 표현하려 하지 않고 조심스럽게 맡은 일을 묵묵히 하는 스타일이다. 또한 예리한 안목과 깔끔하고 단정한 외모, 예의바른 태도로 타인에게 신뢰감을 준다.

타고난 연민과 봉사정신을 가진 그는 실용주의자인 동시에 현실주의자이며, 경제관념이 발달하고 정직하며 철저하고 계획적이기 때문에 믿음직스럽다. 겸손하고 독립적이며 책임감이 강한 것은 그가 가진 최고의 미덕이라 할 수 있다.

그러나 지나친 완벽주의와 의무감을 자신은 물론, 타인에게도 요구하는 경향이 있으며, 자신의 기본적인 가치관이 확고한 만큼 독선적이기도 하다.

지나치게 사실주의적이고 사소한 일에 얽매이는 성향은 불평불만, 잔소리, 남의 결함을 꼬집어서 상처를 주는 식의 부정적인 모습으로 나타나기도 한다. 그럼에도 불구하고 정작 자신은 본인의 잘못을 쉽게 인정하지 않는다.

규칙과 원칙에 얽매이기 때문에 때로는 신경과민과 강박감에 시달리는 경우가 많다. 지나치게 자신을 책망하고 자신의 기쁨이나 쾌락을 수용하려고 하지 않는다. 자신의 감정을 억압하는 데 익숙하며, 불안과 우울증은 그 억압의 증상이기도 하다.

건강을 지키는 데 관심이 많고 청결함에 대해 집착한다.

기질적으로는 남 앞에 나서는 것을 싫어하고 감정표현을 절제한다. 단정한 외모에 인간적이고 책임감 있고 헌신적인 태도는 이성에게 좋은 이미지를 준다. 그렇지만 순수한 정열과 사랑을 찾느라 마음을 쉽게 열지 못하는 그의 성적 정체성은 보수적인 편이라 연애하기가 까다로운 타입이라고 말할 수 있다.

그러나 사랑에 빠지면 감정적이고 섹스에 대한 호기심도 왕성하여 성적 쾌락에 몰두하기도 한다. 하지만 완벽한 사랑에 대한 환상으로 독신생활을 하거나 동성애 관계를 유지하는 경우도 꽤 있다.

7. 사교적이고 균형적인 외교관

특징은 사교적, 타협적, 평화적, 기회적이다.

이 타입의 사람들은 무엇보다도 타인과의 조화로운 관계를 중시하며 파트너십과 사회의식이 발달했다. 따라서 타고난 친화력으로 다양한 유형의 사람들과 교제하고자 한다. 그리고 개인과 개인, 혹은 집단과 집단 사이에 힘의 균형을 맞추려고 노력한다.

상대의 처지를 먼저 살핀 다음에 자신의 행동을 결정해 신중하고 침착하면서 냉정한 태도를 취하는 그는 한마디로 '전략가' 스타일이라고 말할 수 있다.

성격은 밝고 명랑하며, 협동의식이 강하여 중재자로서의 역할을 능숙하게 해낸다.

한편 예술적 심미안을 갖고 있으며 유행과 패션에 민감하고 피티를 좋아한다. 또한 마음에 드는 명품이 있으면 아무리 비싸도 사야 하고 고급스런 분위기를 유난히 좋아하는 타입이다.

그의 미의식은 우아하고 세련된 아름다움을 추구하는 경향이 많다. 그래서 때로는 겉모습에 치중하여 개인의 내면적인 감정을 이해하는 점이 부족하다.

외교적 수완이 탁월한 그는 교섭이나 협상 능력을 필요로 하는 직업이 적합하며, 효율성을 우선으로 하면서 신중하면서도 조직적으로 수행하는 업무 스타일의 소유자다. 또한 복잡한 상황에서도 감정에 치우치지 않고 합리적으로 판단하는 균형 감각을 갖추고 있는 그는 법률과 건축 관계의 직업도 잘 맞는다고 보여진다.

겉모습과는 다르게 소극적이고 자기 방어적인 내면을 가지고 있는 그는 때때로 중요한 결정을 앞두고 회피적인 태도를 보이거나 포기하는 경우도 있다. 그것은 개인적인 문제일 경우 그 결과에 대해 책임을 지기보다는 다른 사람이 대신 결정을 짓도록 방관하는 것이다. 이는 매사에 저울질하는 그의 습관 때문이다.

솔직하게 자기 주관을 표현하지 못하는 경향은 대체로 타인의 감정을 지나치게 의식하기 때문이다. 또한 예의바르고 상냥한 그의 미소 뒤에는 공격성과 분노가 억눌려 있지만, 평상시에는 그러한 '발톱'을 세우면서 돌변하는 일이 드물다.

겉으로 분노를 드러내지 않은 대신 다른 사람에 대한 관심, 혹은 공격적인 섹스, 자기부정 등으로 표현하기도 한다.

일상 속에서는 타인과의 긴장이나 대립을 피하고자 논리와 지적인 대화로 상대를 설득한다. 자신이나 타인과의 불화에 대해 정면 대결을 회피하느라 때때로 우유부단하거나 무관심한 태도를 취한다. 평소에 세련된 옷차림과 섹시한 외모, 젠틀맨의 모습을 보이는 그이지만 내심 타인의 시선을 살피느라 불안에 떨기도 하는 것이다.

그의 연애성향은 운명적인 만남을 원하는 한편 배우자의 경제력을 중요시한다. 외모가 아름답고 사교성 있는 여성에게 끌리지만 우아와 세련을 추구하는 그의 성향 탓에 현실적인 후원자나 내세울 만한 가치가 있는 상대를 원한다.

그의 지적이고 예술적인 감각과 언제나 다양하고 풍부한 화젯거리는 연애하는데 훌륭한 무기로 쓰인다.

자신의 균형을 잃는 것을 두려워하는 그는 상대에게 깊이 빠지는 것에 불안을 느끼고, 매력적이고 우아한 그의 외모 뒤에는 성적 불안과 보호받고자 하는 본능이 감춰져 있어 겉으로 뭔가 베푸는 것 같아도 보상심리가 많다. 그래서 때때로 상대에게 지나친 기대를 하고 뭔가 보상받으려는 태도로 인해 실패를 자초하기도 한다. 반면에 자신과 조화를 이룰 수 있는 파트너를 만나면 가정적이고 낭만적인 결혼생활을 꾸려나간다.

그의 성적 취향은 섹스 자체보다는 달콤한 대화와 에로틱한 무드, 성적 모험과 성적 환상을 꿈꾸기를 좋아하며 기질적으로 양성애적 요소가 강하다.

그가 결혼생활을 하면서 다른 이성이나 동성과 친밀한 '관계'를 가지게 되는 것도 이 때문이다.

영화 '리플리'에서 리플리(맷 데이먼)는 전혀 다른 두 인간상을 완벽하게 연기하는데 그것은 이 타입 특유의 침착하고 신중한 전략가의 기질과 기회적이고 뛰어난 균형감각 덕분이다. 리플리의 매너와 미소 뒤에 감춰진 불안, 공격성, 분노, 좌절은 부호의 아들인 디키 행세를 할 때의 보상심리로 인해 잠재워지는 것이다. 만약에 리플리의 성장 배경이 좋은 조건이었다면 그는 촉망받는 외교관이나 유능한 변호사가 되었을 것이다.

영화 속에서는 결국 내면에 있는 부정적 성향이 현실적 탐욕과 협상하여 그의 인생을 파탄으로 끌고 간다.

8. 열정적이고 관능적인 화성인

특징은 격정적, 파괴적, 극단적, 부활성 등이다.

성격은 대체로 조용하고 냉정해 보이지만 내적으로 뜨거운 열정을 갖고 있다. 감정을 겉으로 잘 드러내지 않으나 강한 자극을 받으면 격정적으로 변하는 타입이다. 그의 열정은 핵폭탄처럼 강력한 힘을 가졌기 때문에 어떤 방향으로 집중하느냐에 따라 엄청난 차이를 보인다.

그는 강한 정신력과 의지력의 소유자로 자신이 원하는 것을 끝까지 추구한다. 자기의 신념이나 목표를 위해서 모든 희생을 아끼지 않기 때문에 위대한 업적을 이루기도 한다. 반면 누군가에게 원한을 품으면 집념과 의지로 반드시 복수를 시도하기도 한다. 러시아의 대문호 도스토예프스키의 문학에서 그려지는 인간상들과 '몽테크리스토 백작' 등이 이 타입에 속한다.

그가 갖고 있는 파괴적 본능은 무의식적으로 상대를 공격하며, 이는 시니컬한 빈정거림의 형태로 나타나기도 한다. 그런 그가 자신의 강력한 에너지를 승화시키게 되면 많은 사람들에게 빛을 주는 존재가 되기도 한다. 한마디로 이 타입의 사람은 조폭이 될 수도 있고 영웅이 될 수도 있는 것이다.

또한 심령적인 자질을 갖고 있는 그는 본질과 무의식의 근원을 꿰뚫어 보고 파악한다. 따라서 심령술이나 심리치료 등에 영적 능력을 발휘하기도 한다.

그가 가진 직관력과 집중력, 실천력은 직업상 투자대행, 부동산 컨설팅, 펀드매니저, 심리요법가, 화학자, 비평가 등에 적합해 보인다. 또한 호기심이 많고 모험을 좋아하는 한편, 사건 이면에 숨겨진 본질이나 핵심에 관심이 많기 때문에 첩보요원, 비밀탐정 등의 직업도 거뜬히 소화할 수 있다.

기질적으로 극단적인 그의 성향은 창조와 파괴 사이를 왔다갔다하면서 섹스에 탐닉하기도 하고 때로는 금욕적이 되기도 한다. 소유욕이 강한 반면 영적으로 성숙해지려는 쪽으로 순화되기도 한다.

경제면에서 그는 새것을 사는 일보다 수선하고 재생하여 사용하는 편이며, 인간 관계에 있어서는 친구가 많은 편은 아니나 충실한 우정을 지속하는 타입이다.

그러나 개인적이고 독단적이며 이기적이고 복잡한 성격이기 때문에 사람들과 쉽게 친해지기가 어렵고 그로 인해 외로움을 느낀다.

신비스런 고요함과 차가운 느낌을 주면서도 최면을 거는 듯한 분위기는 그만의 타고난 성적 매력이다. 섹스에 대한 욕망은 강한 편이나 성욕으로 인해 자신의 통제력을 잃게 될지 모른다는 불안감 때문에 관능적으로 탐닉하거나 억압되어 있는 이중성을 가지고 있다. 그 이중성이 거만하고 강한 질투심으로 표출되기도 한다. 강렬한 질투심이 소유욕에서 시작되는 것은 당연한 일이다.

성과 관련된 문제는 그에게 매우 중요한 것이며 성 본능의 억압은 잔인성과 질투, 뒤틀린 자의식과잉, 약물중독 및 알코올 중독 등으로 표출된다. 하지만 반대로 그 정열을 예술적으로 승화하여 창조적으로 재생하기도 한다. 피카소는 그 전형이라 할 수 있다.

이 타입은 자신의 성적욕망을 솔직하게 표현하며 열정적으로 즐기는 스타일이다. 평탄치 않은 운명으로 많은 것을 경험하면서 섹스와 죽음의 문제에 관심을 갖는다. 그의 타고난 열정과 파괴적인 본능은 죽음을 통해서 부활하고 새롭게 탄생하는 것이다.

이 타입의 전형인 마틴 스콜세지 감독은 '카지노', '비열한 거리' 등의 작품 속에서 마피아 조직의 이야기를 통해 인간의 어두운 욕망과 파멸을 표현하였다. 그런 그가 14대 달라이 라마의 생애를 그린 영화인 '쿤둔'을 제작하자 많은 사람들이 그 배경에 대해 궁금해했다.

그에 대해 마틴 스콜세지는 잡지사와의 인터뷰를 통해 다음과 같이 말했다.

"커다란 변화를 겪었던 사람, 물질을 넘어선 정신의 세계에 있는 사람의 이야기라는 점이 나를 끌어당겼다……. 내가 관심을 갖는 것은 어두운 면이다. 선과 악을 모두 느끼며 자란 나의 지역에서는 그 둘이 공존하기 때문이다."

마틴 스콜세지는 자신의 입을 통해 이 유형의 특징을 정확하게 표현하고 있는 것이다.

9. 낙천적이고 이상주의자인 여행가

특징은 낙천적, 충동적, 독립적, 철학적이다.

성격은 활발하고 미래지향적이며 기질은 낙천적이고 활동적이다.

그는 우주의 심원한 진리탐구나 정신적 의식의 확장에 관심이 많은 편이다. 그리고 직관력이 뛰어나고 자신이 알고 있는 지식을 남에게 알려주고자 하는 욕구가 강하다. 따라서 교사나 목사처럼 사람들을 가르치고 인도하는 일이라든지 법률, 의학, 종교, 교육 등 학문을 연구하는 일에 관심을 갖는 것이다.

그가 가진 정직성은 장점인 동시에 단점이 되기도 한다. 대인관계뿐 아니라 연애, 가정생활 등에서 불씨로 작용할 수 있기 때문이다.

한편 방랑자처럼 유난히 여행을 좋아하는 것은 새로운 장소, 새로운 만남에 대한 욕망이 강하기 때문이다. 그것은 정신세계에서의 모험이나 자극, 경험을 포함하기도 한다. 그는 자신의 인생관과 신념에 대해 확고하며 철학적인 문제에 몰두하길 좋아한다. 또한 미래지향적인 사고방식은 인류와 관련된 환경, 생명공학, 전쟁 등에 깊은 현실인식을 갖게 한다.

그는 종교적인 성향이 강하여 한 종교에 열심이거나 여러 종교를 전전하기도 한다. 반면 감각적인 성향으로 내기와 도박에 빠지기도 한다. 금전관리에 대한 개념이 희박하고 사치와 허영심 때문에 위선자로 변할 수도 있다.

인간 관계는 타고난 낙천성과 명랑하고 활발한 성격으로 모임과 교제를 좋아한다. 다방면에 박식하고 베풀기를 좋아하며 어디에서 누구를 만나든 적응력이 뛰어나지만 지루함을 느끼면 힘들어하는 타입이다. 활동적인 만큼 인내심이 부족한 점이 있다. 그가 늘 꿈꾸는 것은 인생의 목적이고 자유로운 정신의 경험인 것이다.

또한 다양한 관심을 갖는 만큼 때로는 충동적인 행동을 하는 경우도 종종 있다. 그것은 자기직관에 대한 확신과 넘치는 에너지 때문이라 보여진다.

그의 성적 매력은 쾌활하고 남성적이며 다양한 화제로 사람들의 마음을 끄는 점이다. 뛰어난 패션감각으로 자신의 독특한 개성을 드러내고, 타고난 설득력과 쇼맨십으로 모임의 분위기를 띄우는 타입이다.

그의 연애방식은 마음에 드는 사람을 만나면 솔직하게 자신의 관심과 욕망을 표현하는 스타일이지만, 상대에게 부담을 주지는 않는다. 사랑하는 관계에서도 상대의 독립성을 충분히 인정하는 그가 추구하는 상대는 배우자 관계보다는 우정과 결합된 사랑이라 할 수 있다.

그러나 때때로 드러나는 이상주의적이면서 불안정한 면이 상대에게 불안감을 주고 관계를 어렵게 하기도 한다. 누군가와 깊고 친밀한 관계를 맺는 일이 그에게는 쉽지 않기 때문이다.

그는 사랑과 섹스를 별개로 생각하여 '원 나이트 스탠드'를 부담 없이 할 수 있으며, 그로 인해 자칫하면 연애 관계가 복잡해 질 수 있는 여지를 다분히 가지고 있다.

성적취향은 자극적이고 모험적이고 자유로운 것을 추구한다. 그리고 자신이 원하는 것을 솔직하게 요구하고 표현한다. 그가 갖고 있는 성 의식은 건강하고 자유로운 것이다.

브래드 피트가 주연한 '티벳에서의 7년'은 늘 새로운 세계와 낯선 곳을 동경하는 욕망을 가진 산악인의 탐험과 정신세계의 여행을 통해 삶의 의미를 재조명하고 있다. 주인공이 추구했던 자유와 넓은 세계로의 체험은 일상 속에 이미 존재하는 진리를 확인하는 과정인 한편, 이 타입이 지향하는 모험과 자유를 추구하는 여행자의 모습을 잘 드러내고 있다.

10. 냉철하고 믿음직한 조직의 리더

특징은 권위적, 조직적, 현실적, 야심적이다.

성격은 냉정하고 계산적이며 비즈니스가 철저한 편이다. 따라서 직업 적성은 의사, 변호사, 판사가 잘 맞는다.

그는 전통의 가치와 질서의식을 존중한다. 가부장적 사고방식과 엄격하고 고집 세고 권위적인 태도, 보수적 성향의 도덕관념을 고수한다.

그는 가족을 소중히 하며 능력 있는 배우자를 선택하여 가장의 권위로 훌륭한 교육을 시키고자 한다. 검소하고 근면한 생활로 목표를 향해 성실하고 현실적으로 따지면서 신중하게 처세하는 타입이다. 불확실한 미래보다는 오래된 관습에서 편안함을 느끼는 그는 답답하고 융통성이 없기 때문에 활기와 생동감이 부족한 것도 사실이다. 그것은 감정의 통제가 지나치기 때문이다.

그러나 그는 신중한 판단력과 조직적인 업무 스타일로 위기상황에서도 믿고 의지할 수 있는 타입이다. 영화 '보디가드'에서 미모의 여가수를 경호하는 전 대통령 경호원 출신인 프랭크(케빈 코스트너)의 캐릭터가 여기에 해당된다. 소심하고 내성적이지만 강한 의지력으로 주어진 임무에 최선을 다하는 믿음직한 수호천사의 역할을 수행하는 것이다.

그는 서류를 일정하게 분류하고 정돈되고 일상적인 일이 체계적으로 반복되는 것에 만족을 느낀다. 때문에 현실적이고 책임감이 강하고 근면한 생활을 한다. 매사에 자신의 목적과 이해득실을 따지기 때문에 충동적인 행동이나 모험은 절대 하지 않는다.

대인관계에 있어서는 투철한 성실성과 책임감으로 친구나 동료에게 헌신적인 태도를 보인다. 어려운 친구의 문제를 해결해 주기도 하고 격려하고 보살펴 주기 때문에 깊은 우정을 지속하지만, 때로는 오만하고 권위적이고 냉소적으로 변하기도 한다.

매사에 확실하고 안전한 것을 추구하기 때문에 금전 문제에서도 근검절약하는 스타일이다. 그러나 때로는 지나치게 물질을 중요시하여 인색하고 탐욕적인 모습을 보이기도 한다.

한편 성취욕이 강하고 세속적인 성공에 집착하는 그는 그 누구보다 야심이 강하기 때문에 용기와 의지력, 인내심으로 자신을 채찍질한다. 따라서 현실적으로 부와 명예를 갖는 데 성공한다. 출세 지향적인 삶의 전형이라 볼 수 있으며, 관료나 재계 등 조직사회에서 능력을 발휘하는 경우가 많다.

그의 성적 매력은 뛰어난 유머감각, 자신감, 당당함, 은근한 열정에 있다. 그가 사랑에 빠지는 일은 그리 쉽지 않은데, 그것은 일단 실패에 대한 두려움 때문이다. 그럼에도 불구하고 그의 열정에 도화선이 붙으면 가스 폭발처럼 돌변하여 자신이 지닌 모든 것을 화염 속에 던져버리는 일도 일어난다.

그는 연애할 때도 계산기를 두드리는 타입이다. 재력과 매력, 그리고 건강함을 모두 갖춘 상대가 그의 이상형이라 할 수 있다. 부정적으로 표현하면 돈 많고 예쁘고 성욕이 왕성한 여자를 밝힌다고 할 수 있다. 그러나 현실 속에서 그는 사랑 때문에 오히려 자신이 소유했던 것마저 잃어버리는 일이 적지 않다.

오랜 시간이 지나야 자신의 내면을 보여주고 표현하는 그는 강한 성욕을 겉으로 드러내지 않는 타입이며, 사랑과 섹스를 동일시한다. 따라서 사랑이 식으면 섹스에 대한 흥미를 잃어버리기도 한다.

11. 해방과 자유를 추구하는 휴머니스트

특징은 이타적, 보편적, 전위적, 비물질적이다.

그가 중요하게 생각하는 문제 중 하나는 사람들과 '우정'을 나누는 것이다.

친한 친구, 동료뿐 아니라 애정에 있어서도 예외는 아니다. 보편적인 인류애를 추구하는 휴머니스트의 전형인 그는 자기와 전혀 다른 유형의 인간과도 잘 지낼 수 있는 사람이다. 너그럽고 친절하고 정직하며 최선을 다하는 점이 그가 가진 최고의 미덕이다. 반면에 자신의 확고한 주장에 대해서는 한 치도 양보를 하지 않는 면도 갖고 있다.

일반적으로 타인의 감정과 행동에 대해 깊이 인지하면서 그룹의식이 발달했기 때문에 주변 사람들에게 존경을 받는다. 그러나 그의 대인관계는 개인적이고 정서적, 감정적인 친밀함보다는 지적이고 보편적이고 광범위한 것이다.

친한 친구와는 오랜 세월에 걸쳐 지속적인 우정을 가질 만큼 의리도 있고 친절하지만, 소심하고 내성적인 그는 자신의 내면에 대한 이야기를 잘 하지 않는다.

형식적이고 사교적인 모임을 피하는 경향이 있고, 독특하면서도 편안한 패션을 선호한다. 그는 화려한 것보다는 실용적인 아름다움을 택하는 쪽이다.

그의 세계관은 늘 인류의 자유와 평등, 정의, 개혁 등에 집중되어 있다. 과학적 탐구나 발명, 입법개혁안 추진, 사회사업, 심리학 등 새로운 것을 만들고 공익을 추구하는 직업이 적성에 맞으며, 예술방면에서도 기존의 형식에서 벗어나 새로운 장르를 만들고, 자유롭고 전위적인 작업에 몰두하는 편이다.

타고난 기질이 엉뚱하고 비현실적이며 소유욕이 거의 없는 그는, 돈에 대한 관심과 욕심이 없는 탓에 종종 금전적인 어려움을 겪지만 낭비를 하는 것은 아니다.

그의 관심은 이상주의적이고 정신적인 것에 쏠려 있기 때문에 단순하고 검소한 생활이 그에게는 '잘 먹고 잘 사는 길'인 것이다.

점성술과 신비주의, 초월의식 등 불가사의한 현상과 주제에 관심이 많으며, 타고난 예지력과 특별한 재능을 지닌 경우가 많다. 예언자나 심령학, 미래학자들이 대표적 전형이라 할 수 있다.

그의 성적 매력은 지성과 독특함에서 발산되는 은은한 세련미에 있다. 부드럽고 따뜻한 매너와 심플한 패션 감각은 다른 사람들에게 개성적인 매력으로 어필되기도 한다.

그의 연애방식은 시간을 두고 우정에서 출발하여 사랑으로 숙성시키는 스타일이기 때문에 첫 눈에 반해서 적극적으로 정열을 불태우는 것과는 거리가 멀다. 그가 마음을 열기까지는 꽤 오랜 시간이 필요하기 때문이다. 그는 사랑이 갖는 배타성과 구속에 대해 두려움을 보이기도 한다.

성적취향은 섹스에 대해 개방적이고 관심과 모험심이 많은 반면에 성적으로 억압된 부분도 있다. 사랑과 섹스를 별개로 생각하지만 연인에게는 충실한 편이다.

때때로 드러나는 그의 돌발적인 행동은 일종의 해방심리에서 비롯된 것으로 보인다. 그것은 자기의식 속에 억압된 부분이 튀어나온 동시에 적절한 자기표현 방식의 미숙함을 드러내는 것이다. 그래서 여러 사람을 곤경에 빠트리고 해결하는 과정을 통해 자신의 인생을 발견하게 되는 것이다.

12. 신비적이고 초월적 이상을 가진 몽상가

특징은 신비적, 몽상적, 헌신적, 도피적이다.

감수성이 풍부하고 감정의 변화가 심하며 예민한 그는 현실세계 저편의 다른 세계에 대한 관심이 많은 사람이다. 종교성이 강하며 신비주의적 경향이 있고 사후세계의 존재를 신봉하기도 한다. 많은 심령가나 영매들이 이 타입에 속한다. 눈앞의 현실보다 의식 저편의 세계에 대한 놀라운 이해력과 통찰력이 발달하였기 때문이다. 그의 신비스런 능력은 고통을 겪는 사람들에게 진통제의 역할을 하며, 실제로 치유능력을 가진 사람들도 있다.

반면에 어떤 목적의식을 상실할 경우 감각적인 것에 빠져 자신을 방치하게 되고, 게으르고 변덕스런 현실도피자나 알코올이나 마약 중독자의 길을 걷기도 한다.

  의지가 약하고 자의식이 낮은 자신의 성향에 끌려가기 때문에 위기가 다가올 때 현실에서 도피하려는 욕구를 절제하는 일은 그에게 있어 무엇보다 중요한 과제인 셈이다. 비현실적인 만큼 경제관념도 약하고 절약과 저축 등과는 거리가 멀다.

  그는 자신의 주장을 솔직하게 표현하지 못하고 애매 모호하게 드러냄으로써 억압된 자의식의 일면을 보이기도 한다.

  한편 자기감정에 집착하여 쉽게 상처받고 과민한 반응으로 자신을 불신하는 경향이 있어 자칫하면 자포자기로 빠지기도 한다. 조심성과 집착이 많고 심하면 주기적으로 우울증에 시달리기도 한다.

  시인이나 종교인, 점성가, 영매로 활동하는 사람이 많은 한편, 풍부한 감성과 뛰어난 상상력과 심미적 기질은 음악, 무용, 영화 등의 예술분야에서 독특한 재능을 발휘하기도 한다. 쇼팽, 조지 해리슨, 니진스키 등이 이 타입에 속한다.

  특히 20세기 대중음악의 아이콘인 비틀즈의 멤버로 활약했던 조지 해리슨(기타리스트, 싱어송 라이터)은 인도의 명상철학에 심취하여 영적으로 음악적인 영향을 받았다. 인도철학과 인도음악을 바탕으로 'Within You Without You(당신 안에 당신 밖에)' 등을 발표하였다.

  그는 방글라데시 난민을 위한 대규모의 자선공연을 하고 힌두 종파에

거액을 기부하는 한편 자신의 음악 속에 세계관을 표현하였다. 그의 유작 앨범 'Brainwashed(세뇌상태)'는 물질만능의 세뇌상태에서 벗어나 더 높은 정신세계로 의식이 열려야 한다는 메시지를 담고 있다.

세상을 다른 렌즈로 보는 이들은 유연한 사고와 섬세한 감성, 헌신적인 애정, 몽상적인 분위기로 어필하는 신비로운 매력을 가지고 있다.

그는 누구보다도 사랑하고 사랑 받기를 꿈꾸는 사람이다. 그러나 사랑하는 방법이 미숙한 탓에 지나친 헌신과 집착으로 상처만 남는 일이 반복될 수 있다.

그의 성적 취향은 다면적인 만큼 성적 억압과 격렬한 관능 사이를 오간다. 하지만 그의 잠재된 성적 억압이 풀리면 사랑과 쾌락의 마법사로 변하여 자유로운 방식으로 자신의 성적 욕망을 표현하게 된다. 새가 알을 깨고 나와 자유롭게 날개를 터는 것처럼, 섹스에 있어서도 환상적인 분위기를 꿈꾸며 개방적인 태도를 취하게 되는 것이다. 그리하여 정신과 육체 그리고 영적으로 결합된 완전한 사랑을 향해 비상한다.

| 제4장 |

나에게 매력적인 여자, 그녀의 특징과 성격, 연애방식

SQ가 높은 남녀의 캐릭터 분석 II

1. 진취적이고 정열적인 '스칼렛 오하라'

 그녀의 성격은 한마디로 남성적이다. '바람과 함께 사라지다'의 주인공인 스칼렛의 캐릭터를 가지고 있는 그녀는 사랑을 위해 물불을 가리지 않고, 자신의 목적을 위해서는 몇 번의 결혼도 감행할 수 있으며, 위기를 맞이해도 타고난 낙천성으로 맹렬히 극복하는 여성이다.
 아무리 커다란 위기가 닥쳐도 '내일이면 또다시 내일의 태양이 떠오른다'는 생각으로 새롭게 생의 의지를 불태우는 것이다.
 그녀는 매사에 진취적이고 도전적이며 적극적인 자세를 취한다. 책임감도 강하고 리더십이 있어 커리어 우먼으로 성공하는 타입이다. 일에 있어서도 타인의 간섭과 지시를 견디지 못하는 그녀는 독립적이고 새로운 것을 추구하는 직업이 어울린다.

반면에 집안 일에만 함몰된다거나 자기 뜻대로 하지 못하면 화병이 나기도 한다. 그리고 때때로 지나치게 충동적이고 이기적인 태도로 인해 대인관계에서 크고 작은 충돌의 여지가 많은 것도 사실이다. 불 같은 성질과 오만한 태도, 지나친 자기주장은 매력을 반감시키는 중요한 요인이 된다. 반면에 열정적이고 독립적이고 솔직한 표현과 강한 의지력은 그녀의 뛰어난 장점에 속한다.

매력적이고 개성이 강한 그녀는 남성성(아니무스)이 발달하여 카리스마를 느끼게 한다. 한편, 사랑과 섹스에 대해서 충동적으로 반응하는 경향이 있다. 성에 대한 호기심이 강하기 때문에 사람을 쉽게 사귀고 감정적으로 돌진하다가 실패를 자초하는 것이다. 그리고 연애 관계에 있어서도 상대를 배려하고 양보하기보다는 자신의 주장을 먼저 내세우는 경우가 많다. 남성우위의 마초적 성향의 남자와는 만날 수가 없는 터프걸인 셈이다.

그러나 잘못된 만남이라 할지라도 그녀는 끝까지 최선을 다하는 스타일이다. 왕자의 손에 이끌리는 공주가 아니라 왕자의 팔을 끼고 가는 공주의 모습에 가까운 그녀는 애정의 표현도 적극적이고, 직접적이며 '칼자루형'이라 사랑의 고백도 먼저 하는 편이다.

정열적이고 로맨틱한 그녀는 거칠게 허리를 휘감아 주는 타입의 남자와 멀지 않은 거리에서 조용히 챙겨주는 타입을 모두 좋아하는 양면성을 갖고 있다.

　그녀의 활기찬 에너지로부터 뿜어져 나오는 카리스마는 웬만한 남자도 감당을 하기 어렵다. 하지만 필요에 따라서는 '악어의 눈물(거짓 눈물)'을 펑펑 쏟아 내는 연기를 능숙하게 해낸다. 그러나 감상적인 면도 적지 않기 때문에 보기와는 달리 쉽게 상처를 받는 편이다. 그래서 그녀에게는 강하고 관대하고 수용적인 사람이 필요하다.

　사랑에 대해서는 무조건 희생하거나 너그러운 편은 결코 아니다. 그녀의 질투심은 상대의 심장을 냉동시키기에 충분하다. 그러나 그녀는 사랑과 섹스를 분리할 줄 아는 쿨한 매력을 갖고 있다.

　그녀는 자기와 비슷한 성향을 갖고 있는 진취적인 남성과 잘 어울린다. 지성적이고 호기심 많고 변화를 즐기는 그들은 서로에게 자극을 주어 사랑과 일을 같이 발전시킬 수 있다.

2. 안정적이고 관능적인 '아프로디테'

  그녀는 여성성이 가장 발달한 타입으로 예민한 감각을 지닌 사랑과 욕망의 여신, 아프로디테의 캐릭터이다.
  성격은 완고하고 고집이 세며 조심성이 많은 편이다. 온화하고 차분하며 친절하지만 뚜렷한 주관과 여성으로서의 자부심과 에로스의 욕망이 강하다. 반면에 의지력과 인내심이 강하여 위기상황에서도 차분히 문제를 해결하는 능력이 있다.
  그녀는 인간 관계에서도 불평불만을 드러내 놓고 표현하지 않지만 분노할 때는 불길이 확 일어나는 타입이다. 친구와는 충실한 우정을 가꾸는 편이나 배타적인 경향이 있다. 지식보다는 직관과 체험을 중요하게 생각한다. 현실과 이상을 조화시키기 때문에 몽상가 기질을 가진 남성과도 연애나 결혼생활을 할 수 있다.

솔직하고 낭만적인 성적 매력을 지니고 있으며, 무드에 취약한 성향이 있다. 또한 다른 타입에 비하여 유난히 성욕이 강하고 쾌락을 추구하며 집착하는 편이다. 관능적인 까닭에 감각이 자극을 받으면 여성적 매력이 빛을 발한다.

그녀의 연애방식은 만남에서부터 천천히 속도를 내는 안전주의자의 면모를 보인다. 남자의 외모에서 풍기는 아름다움에 마음이 혹하지만 과묵하고 존경할 수 있는 타입을 좋아한다. 그녀가 바라는 연인은 감성이 풍부하고 로맨틱하며 개성이 강한 사람이다. 그리고 무엇보다도 그녀의 성적 욕망을 만족시킬 수 있는 능력이 있어야 할 것이다.

철저한 시간 관념과 정리정돈에 만족을 느끼는 성격이라 자료정리나 문서를 다루는 직업이 적성에 맞는다. 반면에 독선적인 성격으로 대인관계에서 트러블을 일으키기도 한다.

그녀의 가장 취약점은 소유욕에 있다. 무엇이든지 움켜쥐고 놓지 않으려는 성향은 물질과 인간 관계에서 공통적으로 나타난다.

한편 깔끔한 성격의 그녀는 가정과 가족을 가장 소중하게 여긴다. 일상적인 습관에 충실하기 때문에 믿음직하고 성실한 아내의 역할을 하는 타입이다. 그러나 그녀는 현실적인 안정과 물질적인 만족감을 추구하기 때문에 사치스럽고 게으른 성향을 갖고 있다.

다음의 실화는 이 타입의 여성이 지닌 엄청난 식욕과 애욕, 물질적인 탐욕과 소유욕이 균형을 잃고 파탄적 상황으로 몰린 극단적인 상황을 잘 보여주는 예라 할 수 있다.

1936년 일본의 요정에서 일어난 엽기적 살인사건은 일본열도를 들끓게 하였다.

요정에서 발견된 남자의 시체에 성기가 잘려 있었던 것이다. 이불과 시체에는 '사다와 기치, 둘이서 영원히'라는 문구가 피로 쓰여 있었다.

요리집의 종업원과 주인으로 만났던 기생 아베 사다와 유부남이었던 이시다 기치조우는 밀회가 발각되자 25일 동안 떠돌아다니면서 섹스에 탐닉하였고, 사다는 죽음으로 기치조우를 완전히 소유하려 한 것이다. 사다는 4일 후에 체포되었는데 잘려나간 기치조우의 성기를 몸 안에 품고 다녔다고 한다. 이 사건은 훗날, 영화 〈감각의 제국〉의 소재가 되었다.

3. 영리하고 호기심과 모험을 즐기는 '도로시'

그녀를 잘 표현하는 캐릭터는 '오즈의 마법사'에 나오는 도로시의 캐릭터라고 할 수 있다.

명랑하고 쾌활하며 누구와도 금방 친해질 수 있는 친화성을 갖고 있다. 그리고 새로운 것과 낯선 곳에 대한 왕성하고 남다른 호기심과 탐구심, 모험심을 가지고 있다. 그녀의 정신회로는 복잡한 가운데 끊임없이 돌아가고 있다.

타고난 말솜씨와 커뮤니케이션 능력으로 대인관계와 상술이 뛰어나고 인기도 많다. 또한 그녀는 어디로 튈지 모르는 개구리처럼 도무지 방향을 종잡을 수 없는 호기심과 도전정신의 소유자이다.

어느 모임에서건 그녀의 주변으로 늘 사람들이 몰리는 까닭은 즐거움과 다양한 화제로 사람들을 매혹시키는 그녀의 능력 때문이다.

　순간적인 판단력과 통찰력, 독창성 등 다양한 재능을 재치있게 표현하는 타입이지만, 그로 인해 성격이 복잡하고 내면을 파악하기가 쉽지 않다는 평가를 받기도 하며, 자기 안에 모순된 요소들이 충돌하여 자칫하면 정서적으로 불안정해지기 쉽다.

　'물랑루즈'의 여자 주인공, 새틴(니콜 키드만)은 사람들을 끌어당기는 매력과 재능을 가졌지만, 그녀가 지닌 현실적인 야망으로 인해 늘 고독하다. 그리고 그로 인해 자신의 내면에서 뿜어져 나오는 사랑의 열정에 빠지게 된다. 현실과 이상이라는 모순을 같이 안고 있는 그녀가 병을 얻어 죽음에 이르는 것을 한 인간의 내면에 자리잡고 있는 상반된 이중성의 불화와 갈등을 상징한 것으로 해석하기도 한다.

　이 타입은 자유와 독립적인 기질을 갖고 있으며 비현실적인 삶에 왕성한 호기심을 드러낸다. 단순하고 지루한 일에는 금방 싫증을 내고 의욕을 잃는 반면, 새로운 도전이나 프로젝트에 뛰어들면 밤을 새면서 끝까지 마무리하는 의지를 보인다. 비서나 경리 업무는 그녀를 미치게 만들지만, 대인관계가 많은 홍보나 창의성을 필요로 하는 기획 일은 적성에 맞는다고 할 수 있다.

　대체로 연애가 쉽게 이루어지지만 오래 지속시키기 힘들다. 웬만해서는 그녀를 감당할 남자가 많지 않기 때문이다. 산만하고 변덕스러우며 침착성이 부족하고 일관성이 약한 부분을 컨트롤하지 못하면 무책임하고 신뢰성이 없고 충동적인 소비생활에 빠질 가능성이 많다.

성적 매력으로는 재치와 언어 감각, 분위기 메이커의 역할이 이성에게 새로운 자극을 주는 유쾌한 성적 매력으로 작용한다. 영리하고 유머러스하며 예술과 학문에 소양이 깊은 경향이 있고, 사랑에 대해서는 정열적으로 표현하는 성격이다.

관능과 감각이 발달한 편이나 사랑에 빠져있는 그 순간에도 자신의 전부를 내어놓지 않는 냉철함을 갖고 있다. 그래서 사랑과 현실적인 결혼을 분리시켜 생각하는 편이다. 가사나 육아보다는 넓은 세상에서 경험하고 지식을 얻는 것을 추구하며, 가정적인 편은 아니지만 배우자를 위해서 헌신적으로 봉사하고 희생하는 면도 있다.

타고난 호기심은 성에 대해서도 마찬가지여서 관심과 지식은 많지만 섹스 관계는 담백한 편이다. 그녀는 대인관계나 연애에서 정신적인 자극을 주지 않는 사람과는 상대를 하지 않으려고 한다. 특히 성적 만족 역시 정신적인 자극과 만족이 있어야 가능한 편이라 상대를 만나기가 어렵다.

남성적이고 육감적인 외모의 남자보다는 풍부한 화제로 시간 가는 줄 모르게 대화할 수 있는 지적 능력과 지구력을 가진 남자라야 그녀를 상대할 수 있다. 그녀는 본능적인 욕망에 몸을 맡기는 일이 거의 없으며 섹스 상대에게서도 프랜드십을 원한다. 누구보다도 자신과 맞는 파트너를 만나려고 촉각을 세우지만 사랑과 결혼에 연연해하는 타입은 결코 아니다. 그녀에게는 지적인 능력을 갖추고 인격적으로 성숙하며 그녀의 변화무쌍함을 깊이 이해하는 친절한 남자가 필요하다.

4. 주관적이고 방어적이며 여성적인 '다이아나'

그녀의 캐릭터는 사생활과 보호의식이 강한 달의 여신 '다이아나'이다.

직관이 발달한 그녀는 모든 문제를 자신의 입장에서 보고 해석하려는 주관적 경향이 강하다. 그리고 무엇이든지 축적하고 보존하고 소유하며 안정을 추구한다. 오래된 물건도 정리함에 차곡차곡 수납해 놓는 타입이다.

조용하고 신중한 성격으로 자신의 이야기보다는 타인의 말을 잘 들어주며 온순하고 인내심이 강한 편이다. 본능이 발달한 여성의 특징을 가장 많이 갖고 있지만 보수적이고 완고한 면도 있다. 이성보다는 감성이 발달한 탓에 냉철하기보다는 자신의 감정에 충실한 특징을 갖고 있다.

애정에 대한 욕구가 강하여 상대에게 헌신적인 한편 자신도 사랑 받기를 끊임없이 갈구한다. 강한 모성애적 본능은 때때로 가족과 친지 등 주변 사람들을 보살피고 간섭하는 것이 지나쳐 상대를 질식시킬 만큼의 집요함으로 나타나기도 한다. 사소한 일로 상처를 받는 내성적 기질을 갖고 있으며 섬세하고 인정이 많은 전형적인 여성상을 가지고 있다.

가정을 인생의 최대가치로 여기는 만큼 가족에게 헌신적으로 희생하는 타입이다. 음식과 요리, 집 안 꾸미기 등 훌륭한 엄마와 아내의 역할을 충실히 수행하고, 가정을 수호한다는 의식이 투철하다. 또한 경제적 안정과 기본적인 욕구를 중시하여 물질적인 욕심에 눈이 멀기도 하고, 고집스럽고 질투가 강하다. 또한 자신에 대한 자부심이 약하고 솔직하지 않으며 이기적이고 지나친 소유욕을 보이기도 한다.

성에 대한 관심이 많고 직관력에 의지하며 육체를 중요시한다. 보기에는 성적 취향이 보수적인 듯하나 동물적인 본능이 발달되어 성욕을 은근히 드러내며, 실제로는 자유분방한 성생활을 즐기는 경우가 많다.

그녀는 물질적인 안정과 따뜻한 인간미, 그리고 영성이 풍부한 사람을 만나면 멋진 파트너로 성숙한 사랑을 키워 낼 수 있다. 그러나 비판당하거나 자존심에 상처를 입으면 자신의 내면에 갇히는 성향이 있다. 그것은 지나친 소심함과 자포자기에서 비롯되는 것이다.

1930년대 미국 공황기에 생존을 걱정해야 할 만큼 가파른 현실의 벼랑 끝에서 파멸해 가는 한 가족의 이야기를 그린, 테네시 윌리엄스의 희곡

〈유리동물원〉의 로라는 이 타입의 대표적인 캐릭터를 보여준다. 주인공의 누나인 로라는 비사교적이고 자폐적인 성향으로 유리로 세공한 동물들과의 환상 속에서 살아간다. 보다 못한 주인공이 친구를 소개해 주지만 오히려 깨어지기 쉬운 유리 같은 영혼을 가진 로라를 더 힘들게 하고 만다.

한편 애정과 소유욕에 사로잡혀 아름답고 열정적인 재능을 제대로 꽃피우지 못한 채 비극적인 삶을 마감한 까미유 끌로델 역시 이 타입의 매력과 성향을 잘 보여주는 캐릭터라 할 수 있다.

5. 감성적이고 쾌활하며 천진스런 여배우

감성이 풍부하고 쾌활한 성격을 지닌 이 타입의 여성은 사교적이고 외향적인 이면에 어린아이 같은 천진난만한 구석이 있다.

뛰어난 외모와 열정, 리더십, 자신감을 무기로 많은 사람들에게 인기가 높고 자신도 그런 사실에 만족하며, 누구보다 자신의 매력을 잘 아는 그녀는 이를 십분 발휘한다.

이 타입의 여성은 한 마디로 칭찬과 유혹에 약한 여배우 타입이라 할 수 있다. 화려하고 고급스런 것을 좋아하는 취향과 타고난 미적 감각, 풍부한 표현력은 연극 등의 예술방면과 스포츠 사업, 보석을 비롯한 귀금속업 등의 직업에서 한껏 발휘된다.

대인관계에서는 아량도 있고 따뜻한 인정을 베푸는 가운데 지배욕이 숨어 있다. 지적이고 강한 카리스마를 갖고 있는 반면에 자기중심적인 독선과 거만함, 허영심과 사치, 허세, 고집스러움 등은 그녀가 가진 취약성인 동시에 극복해야 할 문제이다.

  그녀의 성적 매력은 강한 에너지가 넘치고 순진함과 육감적인 야성이 섞여 있다는 점이다. 사랑에 관해서는 본능적으로 민감한 편이며 낙천적이고 낭만적인 연애를 원한다. 이성을 잡아끄는 성숙한 여인의 체취를 풍기는가 하면 순진한 소녀의 귀여운 종달새 같은 이미지를 드러내기도 하는 그녀는 자신의 성적 욕망에 대해 긍정적이며 충동적인 면과 다양성을 함께 가지고 있다. 사랑에 빠지면 상대에게 최고의 여성으로 다가가지만 집안 일이나 알뜰살뜰하게 저축하고 산더미같이 쌓이는 일상을 정돈하는 일 등은 그녀에게 힘든 과제이다.

  연애에서도 그녀는 여왕처럼 대접받기를 원하고 자신이 주도권을 쥐어야 사랑의 찬가를 부를 수 있는 스타일이다. 그녀에게는 자신을 존중하고 외향적이며 정열적이고 박력 있는 남자가 필요하다. 그러나 그녀가 진정한 사랑을 얻기 위해서는 상대를 배려하는 태도가 요구되며, 자신의 내면에 대한 관찰에 시선을 돌릴 필요가 있다. 그것은 파트너와의 관계뿐만 아니라 일반적인 대인관계에서도 좀 더 상호보완적인 관계로 변화되어야 함을 의미한다.

6. 현실적이고 내성적이며 헌신적인 '나이팅게일'

　그녀에게 가장 근접한 캐릭터는 바로 헌신과 투철한 봉사정신의 상징인 나이팅게일이다. 정직하고 현실적, 내성적, 헌신적, 여성적인 성격의 그녀이지만 지나치게 단정해서 차가운 느낌을 주기도 한다.
　감정이 섬세하고 결벽증이 있어 사람과 쉽게 친해지지 못하는 편이다. 비판적 태도와 내성적인 성향으로 인해 대인관계에 불안정을 느끼고, 이는 콤플렉스로 작용하기도 한다. 남에게 상처를 주기 쉽고 자신도 사소한 일에 상처를 받는 타입이다. 그녀가 유난히 자신에 대한 자부심이나 자신감이 강하지 않은 것도 바로 이 때문이다. 신경이 예민하여 내면적으로 억압된 감정이 쌓이게 되면 자기부정과 자책으로 우울증, 독선, 변덕, 소유욕과 질투심으로 돌출된 행동을 할 가능성이 높다.

그녀의 직업 적성은 비서, 경리, 영양사, 의사나 간호사, 위생관련업, 도서관 사서, 종교단체, 봉사단체, 출판 편집, 정밀산업의 기술자 등이라 할 수 있다.

머리가 좋고 일 처리가 완벽에 가깝기 때문에 언제나 업무능력을 인정을 받으며, 실용적이며 날카로운 통찰력으로 주어진 일을 성실하고 책임감 있게 끝마치기 때문에 신뢰감을 주는 타입이다. 하지만 바로 이런 성격이 연애에 있어서는 장애로 작용하기도 한다.

낭만적이고 로맨틱한 것을 좋아하지만, 내면적인 억압으로 상대를 찾기 힘든 그녀는 대인관계에서도 자신의 약점을 최대한 숨기고 예의와 도리, 정의를 따지며 처신한다.

연애에 있어서도 쉽게 불길이 타오르지 않으며, 열정도 금방 사라지지 않는다. 연애를 하면서도 무작정 감정에 빠지는 일이 절대 없고 늘 따지는 편이다. 소유욕과 질투심은 그녀가 컨트롤해야만 하는 과제이다. 자신의 모든 행동에 정당성을 부여하기 위한 그녀의 질투심이 적대적 감정으로 변질되기도 한다.

그녀의 성적 매력은 생기발랄하고 낭만적이고 강한 정신력과 정직함에 있다. 그녀의 가장 중요한 문제는 성 가치관이 보수적이고 심리적으로는 억압되어 있기 때문에 이성에게 부담스런 상대가 되는 경우가 많다는 것이다. 하지만 일단 관계가 설정되면 헌신적이고 충실한 파트너가 된다. 때로는 모성애를 발휘하여 상대를 돌보고 배려하지만 자칫 지나치면 피곤한 잔소리꾼으로 전락하여 스스로 관계를 망치는 일이 종종 일어난다.

  타인을 사랑한다는 것은 내 방식을 강요하는 것이 아니라 서로 교류하고 공유하는 감정이 깊어지는 것을 의미하는 것이기에 연인 관계를 비롯한 모든 인간 관계에 있어서 상대를 있는 그대로 이해하고 봐 주는 자세가 필요하다.

  그녀가 원하는 상대는 모든 여성의 이상형일 수도 있는 외모, 경제력, 성실성, 책임감, 예술적 감성 등 어느 것 하나 빠지지 않는 완벽한 남자이지만, 결국 현실적으로 택하는 남자는 착실하고 경제적으로 안정되고 정직한 사람이다. 그녀에게는 이해심이 많고 감정적으로 성숙하며 수용적이고 편안한 타입의 남자가 필요하다. 그녀의 열정과 재능은 모든 심리적 억압에서 해방되었을 때 비로소 꽃을 피울 수 있기 때문이다. 사랑의 화학반응으로 그녀의 억압이 풀리는 순간 그녀의 육체도 자유를 얻게 된다.

  그녀의 성적 호기심과 쾌락은 분수처럼 한 순간에 치솟아 오르기도 한다. 때문에 타고난 본능을 제어하지 못하면 변태나 섹스 중독, 섹스 탐험 등으로 빠질 소지가 다분하다.

  그녀에게 있어 내면의 자기부정을 극복하는 것은 인생의 중요한 과제가 될 것이다. 또한 대인관계에 있어서도 좀 더 유연한 태도를 가질 때 자신도 편안해지는 동시에 숨죽였던 욕망들로부터 자유를 얻게 될 것이다. 그래야 비로소 행복한 '나이팅게일'이 될 수 있다.

7. 매력적이고 사교적이며 우아한 발레리나

그녀는 조용하고 차분하며 주관이 뚜렷한 성격의 소유자이다. 더불어 타고난 우아함과 세련된 매너로 언제 어디에서나 눈에 띄는 매력을 갖고 있다.

대인관계에서는 논리적이고 합리적이지만 따지기를 좋아하고 상대의 입장을 배려해 주는 반면 상황에 따라 숨겨진 발톱을 드러내기도 한다. 총명한 그녀는 지적으로 무장되어 있어 상황에 대한 분석력이 뛰어나다. 논리와 추상적인 것을 좋아하고 자신을 잘 통제하는 편이다.

또한 여성으로는 드물게 균형감각을 갖추고 있어 일 처리가 효율적이며 조직적이다. 매사에 질서와 조화를 추구하며 협상과 외교술이 발달되어 있다.

사교적이고 외향적인 성격으로 다양한 인간 관계를 맺지만 깊이 사귀기는 어려운 타입이다. 또한 사치스러운 것을 좋아하고 물질적인 아름다움에 현혹되기 쉬운 특징이 있다. 그녀의 성격 중 부정적인 성향은 나태하고 우유부단한 태도라 할 수 있다. 그리고 골치 아픈 일은 누군가에게 책임을 떠넘기려는 경향이 있고 실천력이 부족한 모습을 보이기도 한다.
　그녀의 직업 적성은 예술, 실내장식, 디자인, 외교, 정치, 법률, 출판 등 미적 감각이나 협상, 홍보 등에 적합하다.
　그녀의 성적 매력은 감상적이고 애교가 많다는 것이다. 평소와는 달리 연애 관계에서는 사랑스런 여성의 모습을 여지없이 나타내며, 감각적이고 세련된 관능미와 유혹의 기술로 상대를 도발한다. 그러나 실제로는 성적 자아감이 결핍되어 긴장감과 공포에서 자유롭지 않은 편이다. 그녀는 외적인 이미지에 충실한 나머지 자신의 순수한 성적욕망을 느끼고 솔직하게 표현하는 데 어려움을 겪는다. 그것은 대인관계에서도 자신의 불안이나 고통을 숨기고 태연한 척 연기를 하게 된다. 즉, 자신에 대한 지나친 통제가 걸림돌이 되는 것이다.
　자신이 먼저 은근히 유혹의 덫을 놓고도 절대 먼저 감정을 표현하지 않는다. 그러다 상대가 자신에게 '작업(?)'이 들어오는 게 확실하다고 판단되면 적극적으로 호응을 하는 것이다. 그녀는 물질적으로 풍요하고 평화로운 삶을 원하기 때문에 경제력과 균형감각을 가진 세련된 남자가 필요하다.

 기네스 펠트로가 주연한 '엠마'의 여주인공은 협상과 중재의 능력과 자신의 내면적 감정을 숨기는 그녀의 특징을 잘 보여주는 영화이며, '타이타닉'의 로즈는 뜨거운 열정과 사랑을 통해 자신의 내면을 발견하고 새로운 삶을 살아가는 힘을 얻게 되는 여성의 캐릭터를 잘 표현하고 있다.

8. 신비스런 관능과 비밀을 가진 연금술사

　그녀의 성격은 현실적이고 폐쇄적이지만 자신감과 의지력이 강한 복잡성을 보인다. 새로운 지식과 실험에 관심이 많고 집념이 강하여 화학자나 조사 업무, 탐정, 법률 관계에 뛰어난 능력을 발휘할 수 있다. 또한 사물의 이면, 현실 밖의 또 다른 세계에 대한 호기심이 많고 신비한 능력도 지니고 있다. 그녀의 타고난 영적 능력은 심리 치료나 영혼, 전생, 점성학 등에서 자신의 적성을 발견할 수 있다.

　한편 사소한 일에 민감하게 반응하면서도 자기중심적이고 오만한 나머지 다른 사람의 감정에 상처를 입히기도 한다. 직관과 예지력이 발달하여 투자나 증권분석 등 금융 부동산 계통이나 예술가의 길을 모색할 수 있다. 권력에 대한 야망이 있기 때문에 종교 단체의 지도자가 되기도 한다. 원하는 것을 얻기 위해 죽음을 불사할 정도로 자신을 던지는 그녀는 일 처리가 침착하고 신중하며 충실한 편이다.

대인관계가 넓고 원만하지 못하지만 자신을 이해해 주는 친구에게는 충실한 우정을 지속시키며, 여성으로 가정을 꾸리고 평탄하게 사는 삶을 살기는 쉽지 않지만 자신의 배우자를 영혼의 동반자라 느끼면 그 누구보다 성실하게 결혼생활을 영위해 나간다. 그녀는 알 수 없는 신비로운 베일에 싸인 복잡한 여성의 캐릭터를 가졌지만, 인간의 삶에 대한 깊은 성찰을 통해 자신을 변화시키려고 노력하는 편이다.

그녀의 성격이 갖는 부정적 경향은 매사에 극단적인 태도를 취하는 점이다. 연애나 결혼 생활에 있어 배우자의 배신을 가장 못 견디며 잔인한 복수를 꿈꾸기도 한다. 그리고 자신의 입장을 고수하는 독재성은 대인관계에서 트러블의 원인이 된다. 누구보다도 소유욕과 질투심이 강하고, 어떤 식으로든 자신의 상처를 되돌려 주기 위해 늘 '칼날(?)'을 세우는 무서운 면이 있다.

그런가 하면 자신의 욕망이나 목표가 좌절되면 자기 파괴적 본능이 발동하여 마약이나 알코올에 의존하는 경향을 보이기도 한다. 또한 자신의 생각이나 추진하는 일을 남들에게 드러내는 것을 싫어해 언제나 자신의 생각이나 감정을 숨기고 비밀스럽게 일을 진행한다.

그녀의 성적 매력은 열정적이고 신비한 관능미에 있다. 그러나 그녀는 정신과 육체의 합일을 추구하는 까닭에 성욕은 엄청 강하지만 섹스 자체는 별다른 흥미를 보이지 않는다. 오히려 섹스를 권력으로 이용하는 측면이 강하다.

과묵하고 신뢰할 수 있는 보수적인 남성을 좋아하는 그녀가 궁극적으로 원하는 상대는 정신적인 만족을 함께 할 수 있는 사람이다.

사랑을 되찾기 위해 벌이는 계략과 집요한 노력으로 귀엽고 발랄한 매력을 한껏 풍기는 '내 남자친구의 결혼식'의 줄리아 로버츠나, 자신이 받은 상처를 위해 복수의 칼날을 갈지만 결국 그 칼로 자신의 사랑까지 베어 버리게 되는 '백발마녀전'의 임청하는 자신이 원하고 사랑하는 상대를 위해서는 온갖 희생을 감수하지만 배신이나 복수에 모든 에너지를 집중시키는 이 타입 여성들의 극단적인 면과 집념, 그리고 의지력을 잘 표현하고 있다.

9. 솔직하고 활동적이며 낙천적인 집시

지나칠 정도로 솔직하고 자신이 느낀 대로 거리낌 없이 이야기하고 진실을 추구하는 그녀의 성격은 장점인 동시에 단점이 되기도 한다. 그녀의 솔직한 표현이 상대에게 실망과 상처를 주기도 하며, 때로는 남의 말을 자기 마음처럼 있는 그대로 믿기 때문에 낭패를 보는 경우가 생기기 때문이다.

그녀는 에너지가 넘치고 탐험 정신이 강하여 여행을 좋아한다. 사람들과의 교제와 새로운 것의 발견, 특이한 것을 선호하며, 단조로운 것을 참지 못한다. 그녀의 패션감각과 취향 역시 독특한 것을 선호하며, 자신만의 개성을 살리는 디자인에 관심을 쏟는다.

인간 관계에 있어서는 여러 사람들과 함께 모인 자리에서도 밝고 친근한 인상으로 쉽게 잘 어울리는 편이며, 호의적이고 관대한 성격으로 친구나 동료에게 뭔가를 해 주려고 노력하는 타입이다.

다방면으로 지식과 소양을 갖춘 그녀는 재능이 많아 여러 부문에서 직업 적성을 나타낸다. 예술 계통의 직업이나 로비스트, 종교 단체의 일, 정신세계와 관계된 것을 가르치는 교사나 리더 등이 그녀의 재능을 키울 수 있는 분야이다.

남성적인 성향의 그녀는 인생의 모든 문제에 대해 분석적으로 접근하며 종교에 대한 이해가 깊은 편이기 때문에 철학이나 종교 등 영성과 관련한 일에서 뛰어난 능력을 펼칠 수 있다.

그녀의 성적 매력은 자신의 욕망에 정직하고 개방적이며 유쾌하다는 데 있다. 자신을 상대에게 편안한 동료처럼 자유롭게 표현하면서도 때로는 여성의 조용함과 부드러움을 드러내기도 한다. 지적이고 관념적인 주제로 대화를 즐기는 그녀의 모습은 남성적인 모습을 강하게 보이기도 하지만 연애에 있어서 만큼은 여성의 매력을 충분히 발휘하는 것이다.

그녀의 연애방식은 첫 눈에 불이 번쩍 하고 사랑에 빠지는 스타일이 아니라 우정으로 시작해서 차츰 사랑으로 발전하는 식이다. 성 충동과 성적모험에 대한 욕구가 강하지만 사랑과 섹스에 대한 개념이 쿨한 타입이라 할 수 있다. 바로 이런 부분에서 그녀의 남성적인 성향을 엿볼 수 있다.

유난히 독립심이 강하고 자유로운 정신을 추구하는 그녀는 가족이나 가정에 대한 애착이 거의 없다. 그 무엇보다 넓은 세상과 새로운 세계를 향한 탐구에 열망하기 때문이다. 스스로가 끊임없이 변화하고 경험하기를 바라는 만큼 사랑에 대해서도 관대하고 자신과 상대를 자유롭게 놓아준다.

그녀의 기질과 성격에 있어서 부정적인 성향은 사치를 좋아하고 낭비벽이 심해 돈에 관한 절제력이 약하다는 점이다. 솔직한 것이 지나쳐 경솔한 행동을 하거나 변덕을 부리고 과시하기를 좋아하지만 이는 자신의 노력에 따라 얼마든지 개선의 여지가 있다.

'비포 선라이즈'의 셀린(줄리 델피)과 '디 아워스'의 로라(줄리안 무어)는 솔직하고 개방적이고 낙천적이며 일상의 단조로움에서 벗어나 새로운 경험을 찾으려는 이 타입 여성의 욕망을 잘 보여주는 캐릭터들이라 할 수 있겠다.

10. 야심적이고 신중하며 책임감이 강한 승부사 ♥

　삶에 대한 강한 의욕과 성취욕을 가진 그녀는 자신의 야심을 달성하기 위해 한 걸음씩 전진하여 마침내 목적을 달성하는 타입으로 냉정하고 현실적인 성격의 소유자이다.
　감정에 치우치지 않고 분명하고 정당한 태도를 취하는 그녀는 매사에 신중하고 정확한 판단력과 집중력으로 능력을 인정받는다. 현실적으로 유능한 그녀는 인간 관계에 있어서도 사람들에게 실질적인 도움을 주면서 따뜻하게 돌봐 준다.
　그녀의 책임감과 의지력, 단호하게 자신의 주장을 펼치는 당당함은 누구에게나 신뢰를 주지만, 고집이 세고 완고한 이면에는 공격성이 숨겨져 있다. 그래서 때로는 기숙사 사감처럼 권위적이고 차가운 느낌을 주기 쉽고 직업적인 성공에 집착하기도 한다. 그러나 냉정하고 침착한 그녀의 내면에는 분명 여성적인 센스와 은밀한 열정이 깊게 자리잡고 있다.

한편 그녀는 예의와 명예와 돈, 안정적인 삶을 중요하게 생각한다. 따라서 연애를 하더라도 상대를 저울질하고 평가하는 데 익숙한 타입이다.

그녀의 직업 적성은 공예, 경매업, 고미술 화랑, 부동산 중개, 무대 연출가 등 판단력과 관리 능력이 필요한 분야이다.

보석이나 장신구를 수집하는 것을 좋아하는 그녀이지만 고급 의상에는 돈을 쓰지 않는다. 그녀는 무엇보다 비즈니스와 관련해서 자신의 패션감각을 유감없이 발휘하기 때문이다.

그녀의 성적 매력은 당당하면서 절제된 열정과 여성적인 센스라고 할 수 있다. 그녀의 결혼관은 보수적이고 현실적이며 계산적인 편이다. 하지만 사랑의 가치를 중요하게 생각하는 그녀는 본능적이고 자연적인 사랑을 확신하게 되면 곧바로 사랑의 수호천사로 변신한다. 사랑과 섹스는 그녀의 소중한 자산목록이 되기도 한다.

그러나 헌신적으로 사랑을 하다가도 배신을 당하거나 상처를 입으면 자신이 베풀었던 사랑의 전리품을 되돌려 받기를 요구하는 타입이다. 현실적으로나 육체적으로 강한 남성을 원하는 그녀이지만, 실제로 그녀 곁에 함께 할 수 있는 남자는 온화하고 부드러운 성격을 가진 성숙한 인격의 소유자라야 할 것이다.

그녀의 기질과 성격 중 부정적인 성향은 인색하고 사람을 믿지 못하며 물질적인 가치 추구와 권위주의, 지나친 자기방어의식과 의존적인 태도 등을 꼽을 수 있다.

그녀가 사랑을 느끼고 관계를 맺는 방식은 자신의 본능에 얼마나 충실하고 용기 있느냐에 따라 언제나 다른 양상을 보인다.

11. 진보적이고 자유롭고 친절한 박애주의자

　여성으로는 드물게 소유욕이나 물질에 대한 욕심이 없으며, 친절하고 겸손하며 타인에 대한 배려가 깊다. 그녀가 보이는 인정과 관대함은 단순히 따뜻한 감정에서 우러나오는 것이 아니라 인류애적 차원에서 나오는 행동이라 볼 수 있다.

　공동체 의식이 강한 그녀이지만, 혼자 있는 것을 좋아하며 독립과 자유를 추구한다. 단체생활도 무리 없이 적응하는 스타일이지만 얽매이는 지위나 역할에는 별 관심이 없다. 또한 소심하고 소극적인 까닭에 인간 관계에 있어 가볍게 여러 사람을 상대하면서 개인적으로 가까워지는 것을 회피하는 경향이 있다. 바로 그런 점이 연애 관계에서도 사랑에 빠지는 것을 두렵게 만드는 요인이기도 하다. 더불어 이지적이고 독립적인 성향이 연애의 걸림돌로 작용하기도 한다.

　호기심 많고 다소 엉뚱하기도 한 그녀는 언제나 새로운 세계를 향한 변화에 안테나를 세우고 있으며, 모든 사회적 문제(환경, 낙태, 여성, 인권, 빈곤 등)에서 진보적인 입장을 갖고 있다. 그녀는 가정의 안락함보다 사회나 국가, 전 인류라는 거대 공동체에 더 큰 관심과 열의를 갖고 있는 여성이다.

　텔레파시나 예지력 등의 신비한 능력을 가진 경우가 많아 점성학이나 심령학에 종사하기도 하며, 그 외에 방송, 사회사업, 심리학, 환경운동가, 연구원 등은 그녀의 적성을 잘 살릴 수 있는 직업이다.

　그녀는 요란한 파티나 공식적인 행사에 참가하는 것을 부담스러워 하며 독특하면서도 편안한 패션을 선호한다. 격식을 따지지 않는 그녀는 인간 관계에 있어서도 평범한 타입보다는 개성이 강하고 재미있고 특이한 캐릭터를 가진 사람과 교류하기를 좋아하는 편이다.

　그녀의 성적 매력은 직관과 통찰력, 그리고 뛰어난 논리력과 특이한 분위기에 있다. 성에 대해서도 표면적으로는 개방적이며 자유로운 입장을 취하기 때문에 성적인 충동에 빠지거나 관계를 맺는 일이 생기기도 한다. 그러나 기본적으로 사랑과 성을 분리시키는 경향이 있기 때문에 타인을 사랑하는 일을 버거워 한다. 또한 때로는 충실한 애정관계를 지속시키기도 하고 불성실한 태도를 취하기도 하는 등 예측하기 어려운 면이 있다.

끊임없이 많은 사람들의 자유와 행복에 관해 고민하고 행동하지만, 그녀 자신의 문제는 바로 거기에 있다. 자기 자신조차 인간에 대한 진정한 믿음과 사랑에 대해 마음의 문을 굳게 닫아걸어 놓고 있기 때문이다.

영화 '와호장룡'과 '델마와 루이스'에서 장쯔이와 지나 데이비스가 맡은 각각의 주인공은 자유로운 세계를 동경하고 마음먹는 순간 행동으로 옮기는 것을 주저하지 않는 이 타입 여성의 캐릭터를 보여주고 있다.

12. 직관적이고 몽상적이며 신비로운 카멜레온

그녀는 부드러운 편안함을 주는 백의의 천사와도 같다.

직관이 발달하고 상상력이 풍부하며 낭만적이고 몽상적인 사랑을 꿈꾸는 기질 탓에 평탄하지 않은 삶을 선택하기도 하고, 친절하고 이해심이 많고 자기 희생적인 성격과 우유부단한 태도는 연애 관계에서 치명적인 고통을 자초하는 원인이 되기도 한다. 그리고 그 고통에서 벗어나기 위해 알코올과 마약 등에 빠지는 경우가 많다. 이 같은 현실도피적인 성향은 그녀가 풀어야 할 최우선의 과제이기도 하다.

인간 관계에서 유연하고 포용력 있는 그녀의 태도는 누구에게나 호감을 주지만, 항상 상대에게 베풀고 희생해야 한다는 강박관념에서 벗어나야 한다. 풍부하고 섬세한 감성만큼 유혹에도 약한 '구세군 콤플렉스'가

계속 발동된다면 사랑 대신에 상처와 자기부정에 젖어 살수밖에 없을 것이다.

그녀는 집단이나 단체에 소속된 일을 하기 힘들어하며 무용, 음악 등의 예술가나 점성학, 영매, 초자연적인 것을 연구하는 일을 통해 자신의 타고난 재능, 정신적 힘, 치유능력 등을 한껏 발휘한다.

내향적이고 직관이 발달한 그녀는 자의식이 낮기 때문에 때때로 부정적인 감정에 휩싸여 우울증에 빠지기도 한다. 그래서 목적의식을 잃고 종교에 심취하기도 하고, 그로 인해 지나치게 자기 감정에 집중함으로써 타인과의 소통에 문제를 유발하기도 한다.

그녀의 성적 매력은 신비로움과 유연하고 매혹적인 아름다움에 있다. 연애에 있어서도 몽환적인 분위기를 연출하거나 성에 대한 환상을 불러 일으키는 제스처에 능하며, 섬세하고 관능적인 성을 추구한다.

그녀의 연애방식은 늘 사랑에 목말라 하는 타입으로 관계를 맺으면 자신의 감정을 몽땅 쏟아 부으며 자신의 사랑에 만족하려고 한다. 자신의 사랑에 헌신적이며 모성애적 경향을 강하게 보인다. 그리고 때때로 사랑에 집착하게 되기도 한다.

그녀의 성격이나 기질이 부정적으로 나타나면 감정의 혼란, 우울증, 무력감에 빠지게 된다. 또한 정서가 극도로 불안한 상태에서 돌발적인 행동을 저지르고 죄의식에 시달리는 경우도 종종 있다. 그러나 타고난 내적 강인함을 무기로 자신의 삶을 컨트롤한다면 많은 사람들에게 진정한 의미의 수호천사가 될 뿐 아니라 자신이 원하는 사랑도 찾을 수 있을 것이다.

■ 에필로그

연애를 꿈꾸는 남녀들에게

　내가 섹스에 대한 책을 쓴다고 하자 주위 사람들의 반응은 실로 다양하게 나타났다.
　작가로서의 이미지가 이상하게 보여지면 어떡하느냐고 걱정하는 사람도 있었고, 네가 섹스에 대해 얼마나 아느냐고 코웃음치는 사람도 있었다. (아니 재벌그룹 회장이 '경영학원론' 씁니까?)
　그런가 하면 너니까 쓸 수 있다는 격려(?)와 함께 이왕 쓰는 것 화끈하게(???) 쓰라는 주문과 빨리 책이 나왔으면 좋겠다는 독촉을 받기도 했다. 어떤 이는 섹스에 한(恨) 맺힌 거 아니냐고도 했다.
　그 중에 내 친구는 나에게 이렇게 말했다.
　"야, 너처럼 섹스에 대해 그렇게 진지하게 연구하는 여자는 첨 봤다."

나는 천성이 사람들과 어울려 이야기하며 웃고 떠들며 놀기를 좋아하는 편이다. 그러다 보니 어릴 때는 명랑 소녀였고, 대학 시절에는 '여왕벌'로, 사회 나와서는 '마당발'로 통했다. 고등학교 시절에는 명동의 고전음악 감상실 '필하모니'에서 영어책 대신 바로크 시대의 음악과 지휘자의 이름을 익히느라 바쁜 주말을 보냈다. 사람들을 유심히 관찰하는 습관은 그때부터 시작되었던 것으로 기억한다.

  한편 그 당시에는 여대생이 남자와 손을 잡고 다니면 결혼할 사이로 생각하는 것이 보통이었다. 만약에 연애하다 헤어지면 '가문의 망신'이어서 학교를 중퇴하거나 자살소동이 일어나곤 했었다. 그래서 여자에게 연애 자체는 모험이었던 것이다. (남자도 연애 없이 중매로 결혼하는 일이 훨씬 많았다)

  30년이 지난 지금 우리 사회의 연애풍속도는 바다가 육지로 될 만큼 변했다. 연애는 물론 혼전섹스나 혼전동거에 대한 인식도 예전보다 관대해진 것도 사실이다. 그런데 지금 2~30대의 성에 대한 의식과 가치관은 얼마나 발전되었을까?

  지난 몇 년 동안 많은 남녀들과 대화하고 관찰한 것에 의하면 우리 세대와 별다른 차이가 없었다. 단지 성에 대한 편견이 줄어들고 개방적이 되었을 뿐 성적 무지의 정도는 비슷한 것이 사실이다. 중요한 것은 성인으로서 필수적으로 알아야 할 성 지식과 의식에 대한 관심보다는 성적 쾌락에 눈을 반짝인다는 사실이다. 그 또한 '사랑'이라는 달콤한 당의정을 입혀 가면서 섹스를 포장하고 있는 것이다.

   연애의 키워드는 사랑과 섹스라고 할 수 있다.
   사랑 안에 섹스가 있고, 섹스 안에 사랑이 존재하는 것이다. 그런데 우리 사회에서는 오랫동안 섹스를 금기하고 억압하여 왔기 때문에 섹스를 통한 사랑의 표현에 대해 간과하고 무시했던 것이다. 게다가 남녀 차별적인 가치관은 섹스에서도 남성 중심의 일방 통행으로 이루어졌다고 볼 수 있다. 가부장적 사회에서 남성에게 섹스는 권력의 수단이 되었지만 남녀평등이 구현된 지금의 현실에서는 무거운 '짐'이 되고 있다.
   이 땅의 많은 남성들이 크고 작은 성석 콤플렉스에 시달리고 있는 한편 여성들은 성적무지와 편견의 산물인 성적 긴장과 성적 소외감으로 고민하고 있다.
   연애는 한 인간이 여성 혹은 남성이라는 성적 존재로서 타인과 커뮤니케이션을 하는 통합적인 시스템이라고 생각한다. 하나의 자아(ego)와 또 다른 자아(ego)가 만나서 부딪치고 자신의 일부를 내어 주고 받아들이는 과정을 통해 인간과 세계를 이해하게 되기 때문이다. 관심과 그리움과 연민, 열정, 갈등, 질투, 미움, 전쟁, 화해 등등의 과정 속에서 사랑은 숙성의 시간을 갖게 되며 기쁨과 고통의 교차선 속에서 우리는 마치

한 송이의 포도가 한 방울의 와인이 되는 과정과도 같은 내면의 여행을 하게 되는 것이다.

  섹스는 사랑을 숙성시키는 커뮤니케이션의 필드인 동시에 생의 에너지를 만들어 내는 용광로이다. 열락(悅樂) 속에서 서로의 에고를 녹이며 끊임없이 새롭게 태어나는 과정인 것이다. 인도에서 남녀간의 섹스를 자기희생, 헌신으로 인식했던 것이 그것이다. 탄트라는 섹스를 깨달음의 과정으로 받아들였던 것이다.

  누구나 연애에 대한 환상을 꿈꾼다.
  우리는 누구나 아름답고 로맨틱하고 영원한 사랑의 주인공이 되기를 갈망하며, 사랑을 위해서는 목숨도 아깝지 않고 자신의 모든 것을 던져 버리고 싶은 상대를 만나고자 한다. 그래서 '로미오와 줄리엣'이 시공을 초월하여 계속해서 리바이벌 되고, '타이타닉'의 주제곡이 우리의 마음을 울리는 것이다.
  완전한 사랑은 에고의 완전한 죽음을 뜻한다. 그런데 현실 속에서 사랑을 시작하면 그때부터 에고는 힘든 여정을 겪게 된다. 그래서 많은 남녀들이 상처를 입고 이별을 하며 마음의 문을 조금씩 닫게 된다.
  우리는 타인과의 대화나 의사소통에 대한 것을 제대로 배우지 못하고 살아왔다. 그래서 타인에 대한 이해나 배려를 어떻게 해야 하는지도 잘 모른다. 이제 우리가 진정 배워야 할 것은 한 남성으로서 혹은 여성으로서 상대를 사랑하는 법이라 생각한다. 그가 무엇을 원하는지 무엇을 두려워하는지 어떤 것에 상처를 받는지 그의 눈빛과 몸짓과 언어가 보여주는 것을 마음으로 읽어 내는 것, 그것이 바로 사랑의 능력이다. 그리고 자신의 모든 감정을 솔직하게 드러내고 표현하는 것도 사랑을 위한 능력인 것이다.

주변의 많은 친구나 후배들이 외롭다고 하소연을 하면서도 연애를 하지 못하고 있다. 그녀들은 연애와 결혼을 직선으로 연결시키려고 한다. 즉 결혼할 만한 상대와 연애를 하고 싶은 욕심이 있기 때문이다. (35세 이하는 그나마 이해가 된다)

아마도 그녀들이 결혼을 하기란 쉽지 않은 일일 것이다.

연애는 게릴라전이 아니라 전면전(全面戰)이다. '전쟁'의 개념이 아니라 자신의 모든 것을 걸고 해야 한다는 것이다. 그러기 위해서는 먼저 자신에 대한 이해가 우선되어야 한다. 나는 어떤 기질과 성격을 갖고 어떤 환경에서 성장하였고 무엇을 추구하며 살고 싶은가를 파악한 뒤에 함께 동행할 파트너를 선택해야만 한다.

그리고 진정한 사랑을 원한다면 자신이 걸치고 있는 낡은 성적 무지와 편견을 벗어 던져야 한다. 더불어 상대가 가진 사회적 조건, 배경보다는 상대의 '날것(성품, 태도, 인간성 등)'을 보려는 자세가 필요하다.

  요즘 소설들을 가끔 읽으면 가슴이 답답해지는 걸 느낀다. 대부분이 짝사랑이나 가면의 사랑, 엇갈리는 사랑 등을 보여주기 때문이다. 그야말로 황량한 벌판에서 바람을 맞고 있는 쓸쓸함이 그대로 전해진다. 이것이 이 시대 사랑의 풍경일까?

  한 남성으로 혹은 여성으로의 억눌린 야성(野性)을 회복하는 것만이 우리를 사랑으로 나아가게 하리라 생각한다.

  자연인에 가까울수록 사랑의 능력도 풍부해지는 것이 아닐까.

  자연인은 감정 표현이 단순하고 솔직하며 동물적 본능에 충실한 사람이다. 그래서 건강하고 에너지가 가득 차 있기 때문에 친절하며 자유롭고 따뜻하며 웃음이 많고 사랑이 큰 사람이다.

  창공을 날기 위한 새가 온몸을 털어 내듯이 연애를 하기 전에 스스로 짊어지고 있는 '생각의 짐'들을 내려놓는 연습을 해 보자. SQ(sexual quotient, 성적지능지수)를 높이자는 것은 바로 그런 연습의 한 과정인 것이다.

  마지막으로 언제나 물심양면 지원을 해 주신 부모님과 든든한 형제들에게 고마움을 전한다.

  그리고 이 책이 나오기까지 많은 지인들의 경험담이 도움이 되었다는 점을 밝히고 싶다. 특히 점성학의 12별자리 특성에 관한 중요 개념은 번역가이자 점성학자이신 유기천 선생님의 자문과 배려로 인용하게 되었다. 다시 한 번 여러모로 감사의 말씀을 전하고 싶다.

  또한 한익수 사장님과 편집부 여러분의 노고가 있었음은 두말 할 필요가 없을 것이다.

  연애는 신의 축복인 동시에 신이 인간에게 부여한 과제라고 볼 수 있다.
연애를 꿈꾸는 모든 이들에게 신의 은총이 있기를 함께 하기를!!!